AMOR: EL

MICHEL QUOIST

AMOR

El Diario de Daniel

Herder

Versión castellana de JUAN BAQUÉ, de la obra de
MICHEL QUOIST, *Aimer ou le Journal de Dany,*
Les Éditions Ouvrières, París, 1956

Diseño de la cubierta: CLAUDIO BADO y MÓNICA BAZÁN

Imprenta: HUROPE, S.L.
Depósito legal: B - 20.502-2002
Printed in Spain

ISBN: 84-254-0824-5   **Herder**   Código catálogo: REL0824

Provenza, 388. 08025 Barcelona - Teléfono 93 476 26 26 - Fax 93 207 34 48
E-mail: editorialherder@herder-sa.com - **http: // www.herder-sa.com**

ÍNDICE

A LOS PADRES Y EDUCADORES

Jamás un libro podrá suplir la acción inteligente y el solícito afecto de un pedagogo. Desgraciadamente, muchos jóvenes no tienen la dicha de encontrar en su camino el padre o el hermano mayor que los ayude eficazmente en su formación. Este libro se ha escrito para ellos, a fin de subsanar esta ausencia dolorosa. Esperamos que los educadores encontrarán en estas páginas algunos ejemplos para poder profundizar su conocimiento de los adolescentes y algunas orientaciones o elementos de método para guiarlos en su acción. Podrá darse aún el caso de que *El Diario de Daniel*, leído a su vez por educadores y jóvenes, pueda servir directamente para iniciar o continuar entre unos y otros el diálogo eficaz de la confianza.

El Diario de Daniel explica al pormenor la vida de un muchacho. Ello constituye una ventaja, ya que los jóvenes son más sensibles a un relato, un relato auténtico (en el sentido antes indicado), muy cercano a ellos, que a un libro de reflexiones y consejos.

Aparentemente este método constituye un inconveniente, toda vez que, al escoger un caso, excluye todos los restantes. De hecho, si la situación de un joven es algo particular, sus problemas y sus estados de ánimo son generales a todos los adolescentes. Éstos se reconocerán fácilmente por encima de las circunstancias individuales.

¿Por qué se ha escogido el caso de Daniel con preferencia a otros? Aquellos para quienes se ha escrito el presente libro lo han exigido; querían un muchacho muy cercano a ellos, «uno de ellos», a su nivel, sobre todo que no fuese un muchacho demasiado bien compuesto, porque es algo desalentador; un muchacho que se expresase como ellos, que encontrase las mismas dificultades, sin resolverlas de un modo inmediato y definitivo, un muchacho a quien ellos pudiesen imitar después de haberlo conocido.

Socialmente, Daniel pertenece a esta clase nueva de jóvenes que participa a un tiempo del aprendiz y del estudiante de antes de la guerra. De un modo deliberado no hemos escrito esta obra para los estudiantes de institutos o colegios de segunda enseñanza, pensando que ellos ya tienen a su disposición obras escritas por educadores; tampoco para los aprendices de centros y lugares de trabajo, para los cuales habría sido menester expresarse bajo otra forma.

Desde el punto de vista religioso, Daniel es un muchacho que conserva todavía la preocupación de unas prácticas religiosas, aunque de un modo vago. Ha sido escogido pensando en aquellos, todavía muchos, que han frecuentado los catecismos y patronatos parroquiales, y experimentado la influencia de una madre apegada a estas prácticas, sin haber descubierto lo que es esencial en el cristianismo.

Se ha querido poner a la consideración del lector la vida entera del muchacho, situándola en su cuadro natural y mostrando, al correr de los días, los diferentes problemas de los jóvenes en general y de los jóvenes de hoy en particular: relaciones con los padres; problemas del sexo, educación sentimental, educación del altruismo; descubrimiento del prójimo, del mundo y de sus problemas; amistades, estudios, porvenir; vida religiosa... Voluntariamente estos problemas vitales y sus soluciones han sido relacionados entre sí, porque hemos pensado que aislarlos es peligroso. Dentro del complejo unidad de vida es donde el hombre entero se desarrolla.

En fin, hemos querido subrayar como factores de la evolución de Daniel la doble acción de los compañeros y del sacerdote por una parte, y por otra, de la palanca esencial de la acción y entrega en favor de los demás. Por medio de esta entrega que libera al joven de sí mismo, por la acción hacia los demás que le obliga a salirse de su mundo interior, el Señor se introduce, se revela y aporta la alegría.

Quiera Dios que de esta forma podamos ayudar a algunos educadores que titubean o se encuentran descorazonados. No es tarea fácil para un adulto comprender a los adolescentes, soportarlos, amarlos. Su aparente dureza, algunas veces rayana en crueldad, su injusticia, su inconstancia, lo que tienen de «sorprendente», de enloquecimiento, reclama una comprensión calmada y lúcida, y, sobre todo, mucho cariño paciente y desinteresado. Hay que amarlos mucho para enseñarlos a amar.

PARA TI...

Cuando tú eras niño y leías un cuento, la primera pregunta que te hacías era ésta: ¿Y esto será verdad? Luego, has crecido y, no obstante, yo sé que después de haber leído algunas páginas de este libro, te harás la misma pregunta: ¿Y esto será verdad?

Sí, esto es real. Los muchachos con los cuales tú vas a entrar en contacto y convivir por unos momentos existen. Se llaman Daniel, Juan Pedro, José, Remigio, Cristián, etcétera... Han vivido lo que aquí se narra; han tenido las conversaciones que tú vas a leer ahora, han hecho amistades, han ido al trabajo, han escrito cartas, han tomado parte en reuniones, etc... Las historias de amor son verdaderas historias de amor, con muchachas de verdad, que viven en la realidad. Yo, simplemente, no he hecho otra cosa que barajar todas las situaciones, los trabajos, las evoluciones, atribuyendo a uno un pasaje de la vida, las palabras o los gestos de otros, de suerte que si alguno creyese reconocerse en los rasgos de tal o cual personaje del libro, se equivocaría o sería pura coincidencia.

Si en el libro la historia ocurre en El Havre, los hechos que conciernen al Colegio Moderno han sucedido en varios establecimientos de enseñanza, algunos situados en otras muchas ciudades de Francia. Por otra parte, ya lo comprenderás, el relato sería sensiblemente el mismo si hubiesen sucedido en Marsella, Lyón, París o en algún otro sitio.

Y en cuanto a mí, que me he visto mezclado en la vida de estos muchachos y que la he recogido con el objeto de presentársela, existo también. No soy un viejo bonachón que no sale jamás de su despacho, sino que me hallo muy cerca de ellos, soy su hermano mayor. Soy sacerdote y muy amigo de ellos.

Y tú, a quien jamás he visto, que para mí no eres un desconocido, yo sé que tienes también una cara simpática. Yo te quiero de verdad, porque sientes a veces dificultades dentro de ti, porque estás enfurruñado a causa de complicaciones que no has descubierto jamás a nadie, porque tienes buenos compañeros, porque te gusta el fútbol, los cantos modernos, el jazz; porque te esfuerzas, porque te descorazonas a ratos, pero porque tienes también ganas de construir una vida bella, que sirva para algo y para alguien. Entonces, si aceptas, cuéntate entre los del grupo y no leas este libro como una novela, sino haciendo un esfuerzo juntamente con nosotros *para aprender a amar*.

Para terminar, permíteme algunas observaciones. Tú vas a leer en tres noches lo que Daniel ha vivido en tres años. No lo olvides, de lo contrario su evolución te parecerá demasiado rápida. En efecto, hay gran distancia entre el muchacho descuidado del principio y el joven consciente de su responsabilidad del final del diario. En el intervalo, muchas etapas han sido recorridas. Yo he tratado de señalarte las principales, dividiendo el libro en cuatro etapas:

I. Todavía un chiquillo y ya en la ruta del amor.
II. El amor de sí mismo o el fracaso del amor.
III. El descubrimiento del «otro» o el aprendizaje del verdadero amor.
IV. «Creo que al fin voy a poder amar.»

En el relato de tal o cual período te sentirás satisfecho, y no tanto en algún otro; esto dependerá de tu edad y grado de evolución. Lo ideal sería que no leyeras este libro de una sola vez o por lo menos que volvieses a leer ciertos pasajes más tarde, cuando tú mismo vivirás esta etapa de la evolución adolescente.

No olvides que eres distinto de Daniel. Tú no perteneces acaso a su misma clase social, no tienes unos padres iguales a los suyos, etc... Por esto mismo es lógico que no tengas sus mismos problemas, tú conoces dificultades que Daniel ha ignorado y en cambio quizá no tendrás jamás las que él ha vivido. De este modo, has de comprenderlo, no tienes que «copiar» a Daniel, sino trasponer tu caso, aplicándolo en tu propia vida, el ideal que lo ha conducido a su transformación.

Lo mejor sería que discutieses sobre Daniel y sobre su evolución personal, en grupo, con tus compañeros y con los mayores en quienes has puesto tu confianza.

Yo deseo que conozcas cada vez más el gozo de Daniel, sabiendo aceptar como él la realización de un esfuerzo para olvidarte de ti mismo y entregarte a los demás, sabiendo amar como él.

MICHEL QUOIST

El Havre, 18 de junio de 1956.

Primera parte

TODAVÍA UN CHIQUILLO Y YA EN LA RUTA DEL AMOR

Cucú me revienta. ¿Qué me importan a mí sus matemáticas? Desde hace tres cuartos de hora me está haciendo sudar con el triángulo isósceles. Ya estoy harto. Juan Claudio está a mi lado. Él leyendo *El Equipo* sin que Cucú se dé cuenta.

He decidido escribir la *Novela de mi vida*, esto me hará pasar el rato. No tengo más que un cuaderno de borrador. ¡Da lo mismo...! ¡Pero convendrá esconderlo! Días tras día iré escribiendo mis aventuras, detallaré mis sentimientos, copiaré las canciones que me interesan y compraré en los «Precios únicos» las fotos de mis artistas preferidos para pegarlas en una de las hojas: tengo todavía treinta perras; mañana me compraré las fotos de Martine Carol, Dany Robin, Gilbert Bécaud.

Esta noche voy al Atlético con Juan Claudio; hay que lograr el desquite en el futbolín contra Marcelo y Pablito. ¡Habrá que ver! Yo creo que Juan Claudio tiene mejor puntería... Da lo mismo, lo haré después de comer. Esto va a dar todavía que hablar... poco importa: volvemos a las andadas.

En el Colegio Moderno, en las narices y en las barbas de Cucú.
En clase de «tercero».
Día 13 de diciembre de 1953.

... ...

20 DE DICIEMBRE. ¡No! No he escrito nada desde hace ocho días.

Hoy reCucú, rematemáticas, la recaraba. Esta vez he de ser más constante; he de escribir todos los días; voy a tener tiempo con las vacaciones.

En el futbolín hemos perdido otra vez; es algo que resulta idiota; Juan Claudio se defiende mal. Tendremos que entrenarnos durante las vacaciones. Hablaré con Pascual; juntos hacemos un buen equipo. ¡A nosotros dos será difícil que nos puedan! Sin embargo, convendría invitar a Juan Claudio, ya que es él quien paga. En cuanto a mí, he de encontrar el medio de ganar dinero; con mis cien francos del domingo no se va a ninguna parte. Trataré de limpiar la bicicleta a la tía Baltin [1]: cada vez me da doscientos francos.

21 DE DICIEMBRE. Ayer en casa hubo el gran escándalo, y no por una tontería: llegué a las ocho y media. Juan Claudio me acompañó, a casa, yo lo acompañé a él, me volvió a acompañar, luego él insistió mucho para que yo volviera a acompañarlo de nuevo. No ha sido mía la culpa, discutimos seriamente; la eterna cuestión de una Mobileta que ha de comprar, pero que no nos ponemos de acuerdo sobre la marca: sería mejor que se comprase una Bima.

Mis padres son unos anticuados. Porque en su tiempo la gente regresaba temprano, ellos quisieran que yo hiciese igual; bien pueden comer sin esperarme: ¡soy bastante mayor para servirme yo solo! Me he ido sin darles las buenas noches; así aprenderán.

La Tutuna ha venido; me ha traído un plátano, ya que no había tomado postres; es muy buena. Sin embargo, de pronto, la muy tunante, parecía dar la razón a papá...

Antes de seguir adelante, creo que es útil que te presente a los personajes que interesan en los comienzos de El Diario de Daniel. Yo me limito a situarlos someramente, dejándote que tú mismo entres en contacto con ellos.

---

1. La «tía Baltin» habita en la casa de Daniel. A juzgar por sus futuras intervenciones, puede ser muy bien que se trate de la portera.

Daniel comienza su diario a los 15 años y medio. Lo terminará (por lo menos la parte editada) a los 18. Te lo repito, no olvides que la vida contada por Daniel cubre un espacio de tres años, esto es indispensable para comprender su evolución.

El padre de Daniel (Jorge) está empleado en una quincallería.

Su madre (Elena), una buena madre de familia, un poco desconcertada por la transformación de su hijo mayor.

Su hermano (Juan Pedro), 12 años, todavía un chiquillo, pone los nervios de punta a Daniel, quien ya se considera un hombre.

Su hermana «la Tutuna» (Micaela), 14 años.

Bernardo, 13 años y medio, inseparable de Juan Pedro, más adelantado que él, se plantea ya muchos problemas. Vive en el barrio.

Daniel vive en El Havre, calle ...[2], un barrio de grandes casas al norte de la ciudad. Para llegar allí hay que subir fatigosamente, o recurrir a un funicular, o a unas escaleras. Por esto Daniel escribe siempre «subiendo» del colegio, del cine, etc... La escalera Lechiblier, por donde él pasa con frecuencia para regresar a su casa, desempeñará un papel importante en su vida.

22 DE DICIEMBRE. Escribo con la ventana abierta, pues hace buen tiempo. ¡Nadie diría que estamos en el mes de diciembre! Bernardo está todavía dispuesto a silbar desde el patio para llamar a la Tutuna. ¡Este muchacho me fastidia! El otro día la acorraló en la escalera con el fin de meterse con ella. Si continúa así se va a buscar que le zurren la badana...

... ...

He bajado para dar una zurra a Bernardo, mas él se ha escabullido. Ha ido a juntarse con su pandilla de mo-

---

2. Tú me excusarás que no precise la dirección.

cosos; siempre pasa el rato con esos rapaces de aires mis-
teriosos, que charlan y bromean de cosas que no entienden.
El muy animal está siempre al acecho.

Ayer vi a Jacqueline cuando volvía del colmado; la
pude seguir por lo menos durante cien metros. Al volver
la calle Louis Blanc, la vi entrar en su casa. Aguardé durante mucho tiempo, mas ella no apareció en la ventana.
Llevaba su pequeña blusa floreada. ¡Es linda la muchacha...! Jacqueline.

24 DE DICIEMBRE. Toda la tarde con Juan Claudio en
su casa. Hemos desmontado un viejo aparato de radio
para sacar piezas. En el último número de *Bricoleur* hay
un plano de aparato de galena fácil de construir.

La madre de Juan Claudio nos ha dado de merendar.
He aquí una que no marea mucho a su hijo. Él sí que
puede hacer lo que le da la gana.

Al regreso he encontrado a Genoveva, me ha dicho
que Jacqueline irá al Apolo [3] mañana por la noche. Habrá que ir allá.

TARDE DE NAVIDAD. ¡Maldita sea! Mis padres no
quieren que vaya al cine. Todo por culpa de tía Magdalena. ¿No podría quedarse en su casa? Siempre con
sus: «¿Qué tal te va en el colegio, mi Danielito?» Bien
podría evitarse de venir. El colegio, me importa un pepino. Yo lo que quiero es trabajar... Pero mis padres no
quieren saber nada de eso.

Por de pronto, yo debería estar con Jacqueline. Mis
padres se imaginan siempre que soy un chiquillo. ¡Y, sin
embargo, yo amo...! No hago, con ello, nada malo...

¿Qué es lo que uno va a hacer toda la tarde? ¡Iremos
a *dar un paseo*...! Tendré que hablar con Juan Pedro, ese
bobo que no tiene de qué conversar... Tutuna va a molestarme sin cesar, como de costumbre... ¡Y si me encuentro con amigos, voy a estar lucido!

---

3. Cine del barrio.

2

Juan Claudio, entretanto, estará en el fútbol; yo no podré siquiera saber quién ha ganado. ¡A menos que se les ocurriese la idea de pasar, al regreso, por delante de la redacción del diario, así podría ver los resultados...! [4]. ¡Danielito va a pasear con su papá y su mamá...! ¡Pues bien, «Danielito» no va a decir una palabra! Le fastidia que le hagan polvo los pies.

Me veo en apuros para descifrar el final del párrafo. La escritura es desastrosa, el papel lleno de borrones y la mitad roto.

POR LA NOCHE. Mamá no ha cesado de suspirar toda la tarde: según ella, yo la martirizo; ¡soy odioso! Pues bien, ¡tanto mejor! ¡Espero que siguiendo así, ellos acabarán por comprender!

¡Buenas noches, mi pequeña Jacqueline!

Aquí la foto de Gilbert Bécaud engalanado con un espléndido bigote dibujado a bolígrafo.

27 DE DICIEMBRE. Hace un momento he ido a casa de Pascual a oir discos; un sacerdote le presta su pick-up. Hay dos nuevos microsurcos de jazz, fantásticamente buenos.

Quiero sinceramente a Pascual porque es simpático. Además, porque es desafortunado, es mal visto en el colegio: siempre se la carga, y casi nunca por su culpa. Suerte que él no es de los que se intimidan. Aparte de eso, es feliz en su casa, ya que hace poco más o menos lo que quiere; sus padres no están allí, sólo su abuela.

He limpiado la bici a la tía Baltin. Una hora y cuarto de trabajo: 200 francos. Vienen al pelo.

28 DE DICIEMBRE. He pasado por el Atlético a ver si había algún amigo. Nadie conocido. He vuelto solo. Me siento aburrido.

---

4. Todos los domingos por la noche los resultados deportivos son colocados en cartel en las redacciones de los periódicos locales.

El Atlético es una casa de juegos abierta a los jóvenes. Situado en planta baja y dando a la calle no tiene puerta alguna que impida la entrada, sino todo lo contrario, el resplandor de luces, la música, los anuncios multicolores, los juegos, la muchedumbre, los gritos, las risas, atraen y retienen. Se está bien allí. El joven aburrido se deja caer allí enteramente para intentar reconfortar el ánimo por unos momentos.

Durante el día se llena de estudiantes que hacen novillos, de muchachos del comercio que, entre dos encargos hechos rápidamente, entran para un desquite o a beber la copa de una apuesta; al anochecer, la salida de los colegios aporta un contingente mayor, y los futbolines, los ping-pongs, las máquinas tragaperras se ven literalmente asaltados.

Daniel se pasará allí largas horas jugando interminables partidas, de las cuales habrá de tomar siempre el desquite.

29 DE DICIEMBRE. Escribo en la cama. Son las 10 de la mañana. Al fin puedo levantarme tarde, aunque no es del gusto de mamá, que cualquiera diría que soy una marmota. ¡Como si no tuviera derecho a descansar después del esfuerzo del trimestre...! Porque uno es joven parece que haya de ser de hierro... ¿Acaso no puedo decir que a veces me fatigo? Mamá me dice siempre: «A tu edad José ya trabaja. No está nunca sin hacer nada, mientras que tú te pasas horas enteras holgazaneando.» Solamente José, siempre José; él es el tipo ideal y además es mayor.

A mí me gusta tumbarme en la cama y no saber nada... Con su calor modero la tensión de espíritu y me pongo a pensar... Ella debe estar haciendo ahora la limpieza... Se pone un pañuelo en la cabeza para no ensuciarse el pelo con el polvo... Me gusta verla con su delantal. ¡Es bonita, mi pequeña Jacqueline...!

Estoy solo en mi aposento; Juan Pedro ha salido a unos recados. ¡Si yo pudiese tener «mi cuarto»! Juan Pedro me fastidia, es demasiado joven; no es posible colocar las fotos que me gustarían... Además me irrita; con él todo son pendencias, no me deja pensar. Cuando miro a la ventana y me pongo a reflexionar viene al punto a preguntarme qué estoy haciendo; a él le parece estúpido que uno se ponga a pensar. ¡Es un chiquillo...!

Oigo a Bernardo y a sus amigos que arman escándalo y silban. No hay por qué preguntar si es que pasa una muchacha. Es formidable cómo las chicas atraen a los chicos.

... ...

La Tutuna ha venido a proponerme que hagamos un regalo a papá y a mamá el día de año nuevo. Ella quisiera regalar una polvera; pero le digo: «Esto no vale la pena, hay que regalarle un bolso a mamá, el que tiene es feo. Para papá, una pipa; la suya está completamente inservible.»

Hemos contado nuestro dinero: 455 francos. Muy poco. Juan Pedro lo gasta todo a medida que lo tiene. Tenía apartados en mi escondite 625 francos para comprar una cámara fotográfica, y los doy. Salgo con la Tutuna a comprar en seguida lo que convenga. ¡Entretanto, Juan Pedro distraerá a mamá!

Por la noche. Hemos comprado un buen bolso. Como no teníamos dinero suficiente, la Tutuna se lo ha pedido a mamá de una manera delicada. La pipa tiene una gran horquilla, tal como le gusta a papá. ¡Van a estar muy contentos!

Primero de año por la noche. Esta mañana hemos ofrecido los regalos. Ha sido Juan Pedro quien ha entregado el bolso, yo no me atrevía... Mamá ha llorado; yo sentía ganas de llorar, me he defendido acabando pronto.

Daba gusto hoy en casa; no ha habido disputa alguna y hemos comido bien. Solamente me hubiera gustado ver a Jacqueline. He bajado en seguida a rondar por los alrededores de su casa, pero no la he visto en ninguna parte. Todo estaba cerrado, seguramente que ella habría salido.

He aquí que hace un año y medio que conozco a Jacqueline. La primera vez que la vi fue el día que íbamos a buscar las notas de exámenes. Contenta por haber aprobado el curso, corría como una loquilla. Yo también estaba contento por mis éxitos. Nos dimos un encontronazo los dos. Yo me disculpé como un tonto, ella se puso colorada y yo me la quedé mirando mientras se iba... Después la he encontrado a menudo, pero todavía no le he hablado.

¡Feliz año, mi pequeña Jacqueline...! ¡Para ti quisiera ser un «tipo chic»...! ¡Desearía que estuvieses orgullosa de mí!

2 DE ENERO. Hace un momento Bernardo me ha llamado para enseñarme una revista indecente. Yo se lo he afeado. No estaba mal...; ¡pero leer eso a los 13 años y medio...! Lo he asustado, porque si mamá viera tal cosa... En la escuela de fútbol prestan estos impresos.

Al atardecer he salido con Juan Claudio y Pascual. Hemos tomado nuestro desquite en el futbolín. De regreso hemos venido con José, quien nos ha pagado un pitillo. Es simpático en verdad, pero daba lástima por su aspecto tan agotado. Desde que ha dejado la S.A.D.E. trabaja en la «Pintura Moderna». Actualmente, en el *Libertad* ha de bajar por las chimeneas para raspar las capas de hollín. Ni su gorro, ni sus gafas, ni su pañuelo lo libran del hollín, que le penetra por todas partes. Los chavales se ven en la precisión de beber para mantenerse firmes. José tose, atrapó un resfriado al salir de la ducha, ya que van allí todos sudados. ¡Vaya cochino oficio...!

Le hemos pedido que jugase una partida con nosotros, pero no ha podido. «Entro ahora mismo, nos ha dicho. Voy a cambiarme y me voy a mi reunión.» ¡Él siempre está de reunión...!

José tenía 13 años y medio cuando lo vi por primera vez. Lo había visto en días anteriores al cruzarme con él. Aquella tarde estaba sentado en la acera con los pies en el arroyo, con un coscurro de pan en una mano y una lata de guisantes en conserva en la otra, que le había costado lo suyo abrirla. Comía indiferente a las miradas de los extraños transeúntes. Yo lo abordé. Supe que su padre era un lamentable borracho y que, una vez más, él se había escapado hacía cinco días, no pudiendo soportar más los malos tratos que recibía. Él se «espabilaba» ganando algunas propinas por pequeños trabajos que hacía y los mandados de los vecinos, suficiente para comprar pan y, en los días solemnes, un plato extraordinario como los guisantes fríos de aquella tarde. En el patio de una casa vecina a la suya había descubierto un almacén de carbón cuyo candado cedía amablemente a la menor presión. Dormía allí cubriéndose con sacos, y afirmaba que jamás en su casa había pasado noches más agradables.

Charlamos un rato, cuando de pronto, a quemarropa, con sus ojos grandes y tristes, súbitamente animados, me dijo: «¿Es verdad que existen seres felices que son buenos?» Yo le cité entonces varios casos de muchachos excelentes y de jocistas⁵ que conocía bien, que se entregaban de verdad a los demás, olvidando sus sufrimientos para ayudar a sus hermanos a sobrellevar los suyos. Le hablé de Pedro, que jamás se había rehusado al Señor y a sus compañeros de trabajo y que un día les dio el testimonio más grande de su amor: su vida.

Desde entonces volví a ver a José con frecuencia. No había hecho aún su primera comunión; no sabía casi nada de religión. Pero una tarde que le hablaba de esto, al preguntarle si rezaba, me dijo: «Sí, desde la tarde famosa aquella. Pienso en los muchachos que han ofrecido su vida y hablo a Dios a solas como a un amigo.» Actualmente José tiene 18 años, forma parte de la J. O. C. Progresiva-

---

5. Jóvenes obreros o aprendices que forman parte de la JOC (Juventud Obrera Cristiana).

mente ha comprendido que existe un Padre en el cielo y que toda la dicha que él no había tenido en la tierra podía ayudar a los demás a conocerla.

He creído necesario presentártelo, ya que su influencia sobre Daniel ha sido decisiva, sobre todo al comienzo de sus dificultades. Sin embargo, esta influencia no se deja entrever en los apuntes de Daniel. Éste, joven todavía al comenzar su diario, no ha ponderado siempre la profundidad de esta atracción.

3 DE ENERO. Esta mañana gran discusión: Yo me retardaba todo lo posible para llegar tarde a misa. Mamá ha rezongado. Afortunadamente, papá no ha intervenido; a él le importa un bledo; jamás pone los pies en la iglesia. Gracias a la discusión, no he tenido que aguantar gran cosa del sermón. He podido quedarme en el fondo de la iglesia y el vicario no se ha dado cuenta de mí. Me escarmenté desde el día que me hizo subir hasta arriba de todo, delante de todo el mundo. Estaba rojo de vergüenza y debía parecer ridículo.

4 DE ENERO. Paseo en bici con Juan Claudio. Nos pusimos de acuerdo ayer por la tarde, pero como por casualidad, hoy mamá no quería que yo fuese. He esperado a que ella se marchase, para asegurarme. Hacía frío y un viento terrible; así hemos vuelto rápidamente después de haber tomado un trago. Estoy de mal humor, porque es siempre Juan Claudio quien paga, yo no tengo dinero. Para convidarle a un doble veré mañana de sacarle cien francos a mamá. En casa he encontrado a José que ha venido a buscarme para hacer una partida; anteayer él sentía no poder ir con nosotros. Lo he acompañado. En el corredor de la escalera hemos atrapado a Bernardo cuando iba a dibujar en la pared... suciedades, naturalmente... José es fenomenal; le ha dicho simplemente: «¡No hagas esto, pequeño...!» ¡Yo le hubiera partido la cara!

Ahora está en el patio, apoyado de espaldas contra el muro. Sueña desde hace más de media hora.

Por la noche (en la cama). Juan Pedro seca la vajilla, yo estoy tranquilo. Acabo de mirarme en el espejo antes de tumbarme. Me he tomado la medida del ruedo del pecho: 78 cm, no soy un atleta. Mis piernas son demasiado largas; ¡eso es feo! En el mes de septiembre pasado, un día, en la piscina, Marcelo se rió de mí. Cuando yo salía de la caseta me señaló a los compañeros diciendo: «Señores, aquí les presento a Gandhi.»

La fotografía de Martine Carol viene luego, después de estas reflexiones, con esta pequeña dedicatoria: «A mi hermosa Titina. Su feo amigo.»
Ya no he vuelto más a la piscina.
Juan Claudio tiene la pistonuda suerte de estar hecho como es. ¡Es un guapote tipo!
Antes de acostarme hago algunos movimientos gimnásticos en slip. ¡Convendría que de esta manera me entrenase todos los días!

8 DE ENERO. Esta tarde Bigleux ha pescado un castigo. Según dicen, silbaba en las filas. ¡No era él! Pascual ha reaccionado violentamente.
Conclusión: ha sido castigado con Bigleux; todo por no haberse rajado... A la salida, gran discusión; vamos a hacer una sonada para vengar a Pascual. Mañana, cuando Alajú toque el silbato, todos continuaremos jugando, ni uno solo formará en la fila, todos estamos de acuerdo. Yo creo que esto hará su efecto...

... ...

La Tutuna acaba de entrar llorando: Bernardo le ha llamado meona delante de todos los compañeros; a ella le ha dolido en el corazón. ¡Cuando yo digo que cualquier día ese Bernardo se la va a ganar!
Dejo esto porque he de preparar el papel que ha de circular entre los compañeros. Voy a hacer una lista; todos los que están de acuerdo en no ponerse en la fila firmarán. Los conozco... ¡se han rajado ya en más de una

ocasión! Esta vez Alajú se va a ver en un apuro. Mañana veré a algunos muchachos a la entrada. Pablito verá a otros, con el fin de tantearlos a todos.

9 DE ENERO. Los muy cochinos han tenido canguelo, han formado en la fila; sólo Pablito, Pascual, Bigleux, Beslard y yo hemos continuado jugando, lo que nos ha valido un castigo. Es preciso que se lo cuente a mi padre. ¡Esto va a ocasionar un drama! Ya le explicaré el porqué.

ANTES DE ACOSTARME. Papá no ha dicho nada. En el fondo, yo creo que él hubiera hecho lo mismo.

Está de mal humor estos días; tiene un trabajo enorme en la quincallería, donde está solo en el almacén para recibir la mercancía, y su patrón es exigente.

Cuando pienso en el fracaso de hace poco, veo que Pascual tiene razón: los muchachos no están maduros para cosas así; sería menester por de pronto que la clase estuviese mucho más unida. Hay soplones y tipos que se rajan.

Lo peor es que el jueves no podré ver a Jacqueline cuando vaya a casa de su abuela. Corriendo quizá llegaría para cuando ella regrese.

20 DE ENERO. Desde hace diez días nada de particular, excepto:

> tres altercados en casa,
> un castigo,
> dos salidas al cine,
> una victoria en el futbolín,
> una zurra a Bernardo.

Yo había dicho que esto llegaría algún día. Molestaba a la Tutuna; me he lanzado sobre él; lo he derribado y lo he acribillado a puñetazos. Me ha dolido, pues él es nervioso. En éstas ha llegado José y ha protestado: «¡No es así como le cambiarás!»

Creo que lo ha consolado después de haberme marchado. ¡Vaya broma!

A LAS 11 Y MEDIA DE LA NOCHE. Acabo de llegar. Me he quitado los zapatos para no hacer ruido. Todos duermen... creo que no se han dado cuenta de mi regreso... Pascual me ha enseñado a resolver mi problema de matemáticas; luego hemos escuchado discos de jazz... ¡Me acuesto porque es tarde...!

24 DE ENERO. Bernardo y José se pasan todo el tiempo juntos después del jaleo de marras. De pronto, en el patio parecen que discuten seriamente. José, brazo en alto, muestra un papel y se anima como un diablo. Bernardo mira a las punteras de sus zapatos. Yo me pregunto qué es lo que estarán diciendo.

Lo que José discutía con Bernardo, Daniel probablemente no lo ha sabido jamás; se enterará como tú, al leer este libro.

Yo me acuerdo perfectamente, en efecto, que a esta sazón José vino a verme para hablarme de Bernardo, chiquillo de su barrio (y he sabido después que se trataba del mismo de que hablaba Daniel anteriormente), muy preocupado por las chicas, por los problemas del amor y más en particular por las cuestiones sexuales. José le comprendería tanto mejor por el hecho de haberse educado solo, casi siempre en la calle, en medio de compañeros mayores que él; todavía un chiquillo y ya se había planteado los mismos problemas. Él había sufrido en exceso, y quería ahora evitar a Bernardo sus penosas experiencias.

Yo le mostré dos cartas que a instancias mías un padre de familia había escrito en atención a los chiquillos que jamás obtendrían de sus padres las explicaciones claras a que ellos tienen derecho. A continuación podrás leer tú la primera. Yo creo que Daniel no ha llegado a conocerla. Por el contrario, he encontrado un ejemplar de la segunda en la cubierta de su cuaderno. Podrás leerla más adelante en la página 67, donde Daniel hace alusión a ella.

«*Mi querido joven:*

»*No tengo el gusto de conocerte, pero sé acerca de las preguntas que te haces a ti mismo, porque a tu edad, mucho antes que tú, yo me las hice.*

»*Te hablaré con franqueza y claridad, ya que no hay ninguna razón para no ser claro y franco cuando se habla de cosas bellas acerca del amor.*

»*Tienes ahora 14 años o poco más quizá. Ya no eres un niño. Ahora se dice de ti que estás en la edad espléndida en la cual el niño se convierte poco a poco en un hombre capaz de amar totalmente. Te estás transformando, bien lo sabes. Tu carácter evoluciona hasta tal punto que a veces no te reconoces. Sobre todo discutes, y quieres tener razón; juzgas a los hombres con seguridad y ya no se da importancia a tus choques con los mayores. Ahora bien, a pesar de tu aspecto decidido, en el fondo dudas, te sientes inquieto, sujeto a todas las depresiones, así como a todos los entusiasmos. Es el hombre que nace en ti, que se mide con los demás hombres y con el mundo que le rodea. Será menester mucha paciencia y voluntad para construir progresivamente, a través de estos choques y del daño que de ellos recibes, una personalidad sólida y rica.*

»*No solamente en tu carácter se producen profundos cambios, sino también en tu cuerpo. Has crecido bruscamente y tus órganos sexuales, sobre todo, se han transformado; son capaces o lo serán muy pronto de elaborar el «semen», un líquido blanquecino que, introducido en el cuerpo de una mujer, será semilla de vida, si Dios lo quiere. Porque el hombre posee este poder extraordinario: hace surgir de sí otras vidas humanas; es lo que le distingue del niño.*

»*Tú sabrás que has llegado a ser un hombre cuando un día, o una noche, de resultas de un frotamiento o una excitación cualquiera, este líquido se desprenderá de tus óganos sexuales. Si tú no lo has experimentado todavía y un día llegas a experimentarlo, no te turbes, sino al contrario, alégrate, ya no eres un niño. Este fenómeno, además, se producirá de vez en cuando; deja hacer a la*

27

naturaleza. Dios, que nos ha creado, ha hecho bien todas las cosas; son los hombres los que lo enredan todo cuando desprecian sus leyes.

»Es menester, en fin, recordarte que has cambiado mucho en tu actitud hacia las muchachas. Tú no parabas mientes en ello hace uno o dos años, mientras que ahora tratas de acercarte a ellas, aunque en su presencia, a pesar de tus fanfarronadas, tus sonrisas, tus ademanes bruscos, te sientes molesto y enrojeces pronto cuando, por ejemplo, un compañero, de un empujón, te tira encima de una de ellas. Es el instinto que te lleva a las chicas. En eso aún no hay nada de particular, ya que tenéis que ser dos, para fundar un hogar, y Dios ha estimado necesario la unión de los cuerpos para provocar la fecundación.

»Muchacha y muchacho se completan. Se diferencian en su carácter y también en su cuerpo, especialmente en los órganos de la generación. El sexo masculino es exterior, el femenino interior. En el matrimonio, el hombre y la mujer, después de haber unido su corazón por un amor verdadero, consagrado por Dios si ellos creen en Él, tienen el derecho de unir sus cuerpos: «No serán más que una sola carne», dice la Biblia. El órgano sexual del hombre deposita en el de la mujer, adaptado para recibirlo, el semen, portador de gérmenes de vida, y si éstos encuentran los óvulos (especie de huevecillos formados en el cuerpo de la mujer y expulsados regularmente todos los meses mientras ella no esté encinta), provocan la concepción. El futuro pequeño, nutrido con la sangre de la madre, necesitará alrededor de nueve meses para desarrollarse dentro de su cuerpo hasta el día en que, como un fruto maduro, cae del árbol, advertida ella por grandes dolores, al precio de duros esfuerzos y de penosos sufrimientos, dilatándose sus órganos, dejará salir al pequeño ser que verá la luz. Por esto todas las madres aman tanto a sus hijos y éstos no pueden jamás encontrar un amor que pueda superar el de su madre. De este modo ves tú que todo lo tocante al amor es muy bello, es lo más grande y más bello que hay en el mundo.

»*Otras preguntas te inquietarán todavía, no dudes en franquearte a tu padre o a un compañero mayor que sea honesto y simpático. Tú tienes derecho a saber. Si no puedes informarte por medio de alguien, compra alguno de estos, libros que te dirán francamente la verdad* [6].

»*Adiós, mi querido joven. Mucho ánimo para esta lucha que día tras día te hará llegar a ser un hombre. Yo estoy satisfecho de ti, ya que admiro en ti el trabajo de la naturaleza, es decir, de Dios. Gracias a Él, en tu corazón y hasta en tu cuerpo vas a sentir ahora que no vives simplemente para ti, sino quizá para otros que no existen todavía, pero que, gracias a ti, un día vendrán al mundo.*

»*Siento no conocerte, pero estáte seguro que soy, cuando menos, tu amigo.*

«*X...*»

31 DE ENERO. Los chicos de matemáticas elementales han comprado un viejo carricoche, un B-2, por 25.000 francos. ¡Hay que empujarlo para que arranque, pero aparte eso, corre! Le han pintado todos los desperfectos con dibujos humorísticos; detrás han escrito: «¡No se ría usted, señora, que a lo mejor su hija va dentro!» A cada lado del rótulo unas huellas de manos sobre la pintura aún fresca y la indicación: «Se ruega empujar aquí.» Han tenido un éxito formidable en la ciudad. Será menester que nosotros hagamos otro tanto. Pero ¿dónde encontrar los 25.000 francos?

1.º DE FEBRERO. He hablado del B-2 en casa. Papá se ha encogido de hombros, diciendo que esto era ridículo. «Será mejor que te ocupes de tu trabajo y no de semejantes tonterías.»

2 DE FEBRERO. Bernardo se ha vuelto muy gracioso desde algún tiempo hacia acá. Cuando lo encuentro, tiene

---

6. *Díganos la verdad* (ed. Sal Terrae), *Te vas haciendo hombre* (Desclée de Brouwer).

el semblante ceñudo, y más todavía cuando encuentra a la Tutuna. El otro día enrojeció al darle los buenos días. Tanto mejor, así uno está tranquilo. Bernardo espera obtener su aprobado en los exámenes de fin de año, para entrar luego en la Escuela Técnica. De momento se aburre porque no puede jugar a fútbol a causa del mal tiempo. La nieve no quiere fundirse.

5 DE FEBRERO. Juan Claudio me acompañaba, hemos conversado extensamente en la puerta. Mamá ha salido para decirme que fuese a hacer los recados; yo le he respondido que acababa de llegar..., aunque me he dado cuenta perfectamente de que la conversación ha durado todavía una hora.

Juan Claudio me sostiene que no hay que quebrarse la cabeza, que hay que tomar la vida como se nos presenta. Yo creo, por el contrario, y cada día me convenzo más, que hay que pasar sus trifulcas para llegar a una parte. «Todo es fruto de la casualidad, dice él; algunos han caído bien, otros permanecerán siempre en la miseria. ¡Cuestión de suerte!» Yo no estoy de acuerdo. José, que las ha pasado tan negras, no lo ha equivocado todo...

Para Juan Claudio es fácil, él es solo en su casa; la carnicería marcha bien y su padre tiene dinero; nada de complicaciones. Por otra parte, él no sabe nada; cuando le hablo de Jacqueline, no comprende y bromea. Según él, esto pasará. ¡Pobre muchacho!

6 DE FEBRERO. Hace un momento ese imbécil de Beslard estaba fastidiándome; siempre me quita la lima. Dispuesto en todo momento a andar a la greña, por un puñetazo que le he dado, me ha agarrado de las solapas y todos los botones han saltado. Yo he procurado que en casa no se diesen cuenta. Afortunadamente, ha llegado la Tutuna y yo le he pedido que los cosiese y no dijese nada a mamá. ¡He tenido que aceptar sus condiciones! Ayer tarde rompió ella el jarrón japonés; si alguien pregunta quién ha sido, ¡nadie sabe nada! De acuerdo...

7 DE FEBRERO. ¡Llegó el gran drama! Mamá ha descubierto los trozos del jarrón roto en el cubo de la basura, debajo de unas cajas de cartón. ¡Naturalmente, nadie se ha acusado! Pero yo me he puesto colorado de tal forma que las culpas han caído sobre mí. ¡Me he mantenido firme y no he descubierto a la Tutuna; espero que ella no olvidará esto!

Sin embargo, es curioso: me pongo colorado por nada. Y no hay manera de evitarlo; cuanto más lo pienso, más rojo me pongo. ¡Debo de estar guapo!

Aquí no puedo continuar la transcripción del texto de Daniel: toda una página entera se halla cubierta de firmas. Las hay de todas clases; lamento que no puedas admirarlas, pues te pierdes algo que vale la pena. Ignoro si en definitiva Daniel ha encontrado la manera ideal de estampar su firma...

10 DE FEBRERO. Esta tarde he visto a Jacqueline hablando con Genoveva en la acera. Me he metido corriendo dentro del pasillo de la escalera para alisarme el cabello; he dejado la cartera y he salido de nuevo a pasearme arriba y abajo como si esperase a alguien. Catorce veces he pasado delante de ella. Desde la otra acera me ha estropeado el plan ese bobo de Pascual, que me llamaba sin cesar; por más que le hacía señas, él no comprendía. ¡Bien es verdad que a él no se le alcanza nada de todo eso, no teniendo como no tiene ningún problema con muchacha alguna! Con todo, es un muchacho decente, que reflexiona seriamente.

A nadie he hablado de Jacqueline, excepto a Juan Claudio. Pero éste tampoco sabe comprender. No he insistido. Después de todo, tanto mejor, sólo ella y yo lo sabemos, ya que estoy seguro de que Jacqueline ha descubierto mi amor. Estoy seguro de que ella me quiere también y que nos querremos siempre. Tenemos todavía seis o siete años por delante, pero cada uno permanecerá firme por su parte. Nadie es capaz de comprenderme, y yo, sin embargo, siento muy fuerte mi amor; ¡nada ni nadie lo podrá romper!

12 DE FEBRERO. ¡Qué insensatos los del Atlético! Hemos pasado un buen rato. Es chusco, los chicos ponen siempre a Brassens, ¡y yo puedo escuchar todos mis discos sin pagar!

Dos muchachos mayores del Instituto nos han retado, a Pascual y a mí, al futbolín. ¡Les hemos dado una soberana paliza...! Al salir el mayor de los dos ha hecho una conquista y se ha marchado con ella. Yo estaba asqueado de ver cómo, de buenas a primeras, se ha arrimado a la chica. El tipo no me inspira confianza, con sus largos cabellos hasta el cogote, su andar y su aire desgarbado... ¡Las chicas que dejan hacer me repugnan! ¡Afortunadamente, Jacqueline no se parece a ellas...! Bien es verdad que la falta está también de parte de los chicos... ¡Ésa era antes quizá como Jacqueline...!

14 DE FEBRERO. Me lo he pasado muy bien todo el día. A primera hora de la tarde he encontrado a José con Bernardo, iban al cine. He preguntado a José si podía acompañarlos. Por la forma que me ha respondido he comprendido que no lo deseaba.

¿Por qué José sale solo con este muchacho? ¡No debe ser para él un gran placer!

16 DE FEBRERO. Ayer gran altercado: mamá quería que me probase un pantalón de mi tío; yo no quise. ¡Como si tuviera que llevar los desechos de la familia! Me refugié en mi cuarto para no oir más a mamá gritar y me encerré con llave. ¡Allí estaba en mi casa! Tumbado en la cama me puse a soñar durante una hora. ¡Me pasaron más cosas por la cabeza...! Imaginé qué podía hacer, cómo pasar el tiempo; me asusté de veras. No sé qué me sucedió, pero lo cierto es que me sentí descorazonado... ¡Qué tontería, me tengo asco..., y todo por una cuestión de vestido...!

20 DE FEBRERO. Cambio de decoración: de nuevo a clase para ir a sudar. Comienzo un combate naval con Bigleux.

... ...; ... ...

He ganado yo; los dos únicos submarinos que me quedaban me han servido para hundirle el acorazado. Mientras tanto, Zézétte no cesa, imperturbable, de declinar Knaben. ¡Nadie la escucha, evidentemente! A cada tres minutos ella: «Es igual, se lo diré al director.» El otro día Bigleux llevó la cuenta: ¡lo repitió treinta y cinco veces durante la clase!

23 DE FEBRERO. Nuevo drama: discutimos sobre una película; yo he tenido la desgracia de decir: «Es morrocotuda de veras.» Mamá, que tenía cara de los días de mal humor, ha saltado: «Pero, Daniel, ¿qué significa esto? ¡Tú no puedes hablar como los demás! Esto es espantoso... Me pregunto qué dirán tus abuelos cuando te oigan hablar de esa manera...»

Yo, según ella, tengo un vocabulario horrible, «vulgarote, fuera de tono, de una absoluta falta de educación». Sobre ello papá ha dicho que yo hablo así «para dármelas de guapo», «imito a esos perezosos, a esos seres sin provecho que gandulean en el patio de la casa, etc..., etc...».

No tienen por qué dolerse, pues ya voy con cuidado. ¡Si sacase a relucir todo mi repertorio...! Voy a hacer una lista de mis conocimientos en la materia y día tras día tendrán un nuevo vocablo...

Aquí inserta una lista de palabras y expresiones de argot, visiblemente completada a medida de nuevas adquisiciones. Yo prefiero no presentártela, pensando que en este sentido tu vocabulario es ya bastante rico.

ANTES DE ACOSTARME. Estoy ya harto; me resultan insoportables: tantos cuentos por una tontería. ¡Jamás llegarán a comprenderme...! ¿Acaso los padres no se acuerdan de que han sido jóvenes? ¡A ver el lenguaje actual de mi padre! Me lo imagino diciéndolas tan gordas como las mías. Afortunadamente, no ha salido con aquello: «En mi tiempo no era como ahora, etc..., etc...». ¿Y qué? ¡Caray! Tengo ganas de llorar.

Juan Pedro duerme. ¡Tanto mejor! Así podré apagar la luz, sentarme en la cama y ponerme a pensar... Verdad es que ese cretino ronca de mala manera y me molesta.

25 DE FEBRERO. Cuando he pasado, José estaba sentado en los peldaños del 83; me ha llamado para ofrecerme un cigarrillo. Los dos nos hemos paseado durante un buen rato. Me ha pedido noticias de la Tutuna:

—¿Qué tal está? ¿Bernardo no la molesta ya?

Me he quedado sorprendido; jamás me había hablado así.

—No. ¿Por qué?

—¡Por saber!

Tenía el aspecto feliz. Ha apoyado su brazo sobre mi hombro; hemos discutido largamente, sobre todo de religión. Yo le decía: para mí todo eso no ha significado jamás gran cosa. Yo voy a misa por mi madre y, por otra parte, me enoja tener que ir. Cuando veo a la gente de misa de once obstaculizarse el paso o exhibir sus nuevos peinados y el último vestido, no tengo la impresión de asistir a algo serio.

—¿Por qué no vas a una misa más temprana? Tú verás que esto cambia de ambiente. Yo, cuando quiero rezar, voy a las ocho.

José no me lo ha dicho, pero yo sé que ciertas mañanas durante la semana va a misa. Comprendo que uno sea creyente como él. Por mi parte, yo no sé rezar y no siento pena por ello. Puede que esto venga más tarde...

26 DE FEBRERO. El carricoche de los de matemáticas elementales está en pana. Lo siento; Sergio me había prometido llevarme a dar una vuelta.

.27 DE FEBREKO. Hace un momento, gimnasia... No he dado pie con bola; de ordinario, suelo componérmelas. He tenido que subir por la cuerda delante de todo el mundo; no he sabido subir más de un metro. Juan Claudio venía detrás de mí: ha subido dos veces.

Es evidente que me he de espabilar; voy a hacer economías y a comprarme un extensor. Todas las mañanas me entrenaré diez minutos y todas las noches al pie de mi cama haré ejercicios de tracción. Mañana pasaré por «Multisport» para ver los precios. Utilizaré los doscientos treinta francos reservados para mi cámara fotográfica.

28 DE FEBRERO. Precio del extensor, 850 francos.

1.º DE MARZO. Vacaciones. En este desierto no hay nada para distraerse.

Hace poco he callejeado con Juan Claudio por la ciudad. ¡Hemos sudado! Hemos encontrado a Pascual: iba a buscar discos a casa del cura que él conoce. Lo hemos acompañado. Es un pícaro ese cura; me ha mirado chuscamente y me ha dicho: «Eres de buena pasta, amigo mío, me gustas.» A mí también me gusta él...

MARTES LARDERO. Huele a fritos por toda la casa. ¡Magnífico! Vamos a comer buñuelos.

Escribo en la ventana: no hace mucho frío. Los chicos están todos en el patio, casi todos disfrazados. Juan Pedro ha logrado lo que él tanto deseaba: desde hace tres días viene molestando a mamá para que le compre un sombrero de cow-boy. ¡Se ve que se trata de él! Ella ha cedido. Para mí hubiera sido pedir la luna... La Tutuna es una bohemia. Mamá, al principio, rezongaba; ahora creo que está orgullosa, porque se han disfrazado bien los dos. La gruesa Julia la ha felicitado, entonces esto va que chuta; nos aventuramos a saborear más buñuelos de los de la cuenta.

Jacqueline ha pasado de pronto, pero rápidamente. No se ha disfrazado; ya no sería mi Jacqueline.

3 DE MARZO. He subido al quinto a ver a Genoveva para que me dé noticias de Jacqueline. En el corredor de la escalera me he cruzado con Bernardo; con un cigarrillo en el hocico se esforzaba en fumar con la actitud más afectadamente natural; de hecho, sus maneras eran falsas, como todo; habiendo babeado los tres cuartos de su cigarrillo, escupía cuanto podía las motas de tabaco que se le habían quedado en la boca. Me ha dado lástima... y le hubiera dado algún consejo.

No he encontrado a Genoveva, sino a su madre, que me recibe siempre muy cariñosamente.

¡No importa! Esta vez escribo a Jacqueline... ¡No puedo aguantar más!

POR LA NOCHE. Es medianoche; Juan Pedro duerme. Acabo de romper la cuarta carta. Es imposible, jamás estaré contento. Tengo miedo de que me considere un tonto al leerla. Sin embargo, quisiera escribirle, quisiera hablarle, y no me atrevo. Varias veces me he encontrado delante de ella; había pensado lo que le diría, lo que había casi aprendido de memoria, y súbitamente, lleno de pánico, continuaba mi camino, el semblante falsamente indiferente. ¡Soy idiota! Nadie puede saber lo que sufro... No me parece que los demás sean como yo... ¡Quisiera una vez más llorar esta noche, y no puedo...!

4 DE MARZO. He buscado: creo que no hay otro que José a quien pueda hablar de Jacqueline, pero me desahogaré.

Aquí se termina el primer cuaderno de Daniel. Está sucio y sus páginas tiene roídas las puntas.

El diario continúa en cuaderno de cubiertas azules, intitulado «Las Gaviotas». Daniel esta vez ha respetado el margen y numerado las páginas.

7 DE MARZO. ¡Pascual ha encontrado un nuevo sistema de matar el tiempo en clase de Cucú! Es formidable:

quién permanecerá más tiempo sin respirar. Ha pasado un escrito a los compañeros y todos han aceptado. Según cronómetro, el récord por el momento es de 2 minutos 10 segundo. Yo no me defiendo mal, he hecho 1 minuto 40 segundos. Naturalmente, a Bigleux lo han descubierto al pasar los resultados.

Resultado: dos horas de castigo para Bigleux; tendrá tiempo para entrenarse. Yo, cuando tenga el extensor, trabajaré los pectorales a fin de aumentar mi capacidad torácica; me faltan todavía 250 francos.

8 DE MARZO. ¡Esta vez me han pillado! Desde el segundo trimestre vengo firmando yo mismo los cuadernos de notas. En casa les decía que no nos los daban durante los dos últimos trimestres. No sé cómo lo ha descubierto el inspector general: me ha llamado hace un momento para decírmelo. He pasado un mal cuarto de hora; me ha dicho que enviaba directamente una carta a mis padres pidiéndoles una respuesta. Heme aquí en buena situación; no se han acabado para mí los sermones. Lo más grave es que corro el riesgo de quedarme sin domingos durante un mes... A las reprimendas ya estoy habituado, dejaré pasar la tempestad; pero es necesario a toda costa que les prevenga antes de que reciban la carta.

Voy a tratar de ver a la Tutuna para que ella les diga algo por las buenas.

POR LA NOCHE. He visto a la Tutuna: ella está de acuerdo. ¡Por una vez no se ha hecho la tonta!

9 DE MARZO. ¡Ah, qué cárcel! ¡Si yo pudiese escapar de este infierno...!

La carta ha llegado esta mañana; lo he comprendido al entrar; al ver las caras no había lugar a dudas. Al comienzo de la comida papá no ha dicho nada, estaba como un cadáver; todos guardaban silencio: Juan Pedro, como siempre, tenía su nariz en el plato; esperaba la tempestad. Ha estallado cuando yo he respondido bruscamente al ataque de papá: «Entonces, ¿estás bien satisfecho de ti?»

—¿Y por qué no?

Aquí bofetada magistral. He tirado mi servilleta, quería marcharme. Papá me ha ordenado quedarme allí, y he tenido que aguantar la hecatombe. Mamá se ha puesto a llorar.

—¡No me había imaginado jamás que llegaría hasta eso! ¿Qué es lo que tú llegarás a ser, pobre infeliz? ¿Qué es lo que se podrá esperar de ti? No tienes en cuenta lo que se hace por ti. ¿No ves los sacrificios de tu padre?

Papá daba golpes sobre la mesa:

—Se acabó, yo lo pongo a trabajar.

La Tutuna, para completar el cuadro, se ha puesto a llorar y Juan Pedro también, ¡naturalmente! Los habría estrangulado a los dos. La comida se había terminado; ya nadie tenía ganas de comer.

Yo me pregunto por qué mamá se pone en un estado así; la cosa no es para tanto, la mayoría de los muchachos firman las notas ellos mismos.

«¿La mayoría?» No estamos de acuerdo, Daniel... Y confiesa que quienes lo hacen no dan con ello una prueba de valentía que digamos...

Lo que me chincha es que ella va a remachar eso toda la tarde y va a enfermar por ello. Por lo tanto, yo no me escaparé jamás de todos esos líos...

Por la noche. ¡Qué cena tan lúgubre, nadie ha despegado los labios! Mamá tenía todavía los ojos enrojecidos; ha debido de llorar buena parte de la tarde... Bien hubiera querido darle las buenas noches, pero no me he atrevido; tenía miedo de que se negase ella a dármelas.

11 de marzo. El inspector general me ha llamado. Tres días fuera del colegio a título de advertencia. En casa he presentado la tarjeta; no me han dicho nada.

15 DE MARZO. Desde hace tres días, calma completa; nadie hace alusión a la aventura. Por otra parte, yo he tratado de no llamar la atención. Esta mañana entrada de nuevo en el colegio y bien advertida: Juan Claudio había venido a buscarme; en el patio los muchachos me han felicitado; ya era el héroe. Con cara de furia, el inspector general miraba la escena. Juan Miguel me ha entregado un montón de copias: todos los apuntes de clase que él había tomado para mí. Esto me ha sorprendido, ya que nunca habíamos hablado de un modo particular; no somos precisamente compañeros.

16 DE MARZO. ¡Pronto la primavera!

17 DE MARZO. Con Juan Claudio, Pablito y Beslard reunión en casa de Pascual para oir discos. Beslard había traído un extraordinario Sidney Bechet. Sin género de dudas el jazz Nueva Orleáns aplasta a todos los demás. Pablito estaba fuera de sí: bailaba, daba palmadas y meneaba los pies, todo a un tiempo. La abuela de Pascual estaba tan asustada que vino a hacernos callas. Pero su nieto la ha tranquilizado siempre con su aire desconcertante: «¡No te apures, abuela, que todos descendemos del mono!» Ella se ha ido refunfuñando que comenzaba a creerlo.

Esta noche, al regresar, la Tutuna me esperaba. ¡Se ha puesto en la cabeza salir conmigo el domingo! Ya me veo desde ahora saliendo a pasear al lado de Tutuna... Un poco más, y será menester que la lleve de la mano y le compre chupetes... Naturalmente, la he enviado a paseo. Ella se ha sorprendido en gran manera. Sin duda que ahora estará llorando en las faldas de su madre. Esta borriquilla todavía me va a crear problemas...

... ...

Evidentemente, tenía que ser así. Mamá me ha dicho: «Podrías ser un poco más amable con tu hermana. ¡No piensas más que en ti! El domingo se quedará sola, puesto que saldremos tu padre, tu hermano y yo. Después de todo, tú podrías muy bien acompañarla.»

Yo no he respondido nada...

Por otra parte, he de guardar el dinero que me dan el domingo. Esta vez tendré bastante para comprarme el extensor.

18 DE MARZO. Esta tarde, a la salida del colegio, me he llegado hasta Multisport. ¡A mí me había de pasar: estaba cerrado! Bernardo, que regresaba a su casa, me ha acompañado un poco. Hemos hablado de su trabajo. Desea encontrar ocupación muy pronto.

19 DE MARZO. He comprado el extensor. Lo he escogido para que dure más. Es de buen caucho.

A LAS DIEZ MENOS CUARTO. Estoy descuajaringado: he hecho media hora de extensor. Pero no he podido resistir más que dos tirantes, yo que pensaba poder con los cuatro... Juan Pedro me ha relevado, de pie encima de la cama. Para ser un chico de doce años, el tío se defiende bien. Yo he de ejercitarme todas las noches.

24 DE MARZO. A Juan Claudio le han regalado su mobileta esta mañana. ¡Qué suerte tiene! A mí esto no me sucederá jamás. Habré de contentarme con mi bici para siempre. Esto no va a resultar práctico cuando salgamos juntos: ¡tendré que pedalear duro! Si yo pudiese descubrir un motorcito pequeño para montarlo en mi bici... El domingo iremos al rastro a ver si encuentro piezas... Si las tuviese, yo creo que papá no rehusaría montármelo.

Bernardo ha entregado a Juan Pedro un paquete de ilustraciones; las ha dejado esparcidas por el cuarto. Yo estaba a punto de ponerme a leer Tintín y Milou, cuando mamá ha entrado para decirme que fuese a hacer los mandados. Siempre en este momento se le ocurre a ella despertarse. He tenido que escuchar un sermón sobre los estudios: que no es así como voy a terminar mis composiciones. Afortunadamente he salido, y he visto a Jacqueline en la tienda. De pronto he entrado a comprar un paquete de polvos para la colada. Al regresar he dicho a mamá que yo creía que ella me los había encargado. Ella ha encogido los hombros diciendo: «Verdaderamente no estás del todo en ti.» Yo que pensaba que estaba completamente en mis cabales...

Pero no importa, ella podrá decir lo que quiera, yo he visto a Jacqueline...

25 DE MARZO. Hace un momento he subido a «Mareaux-Cleres» [7] para ir a ver a la abuela, que está enferma desde hace unos días. En el trolebús, el conductor se ha pasado de largo una parada. Un buen señor, parece, había avisado para bajar. Gran discusión: unos en favor, otros en contra.

«He avisado a tiempo.» «No es verdad, avisó siendo tarde.» Milagro que no se hayan pegado. El buen hombre gritaba: «Déme su número, haré una denuncia.» Una vieja estaba encolerizada: si todos los pasajeros fuesen como ella, los pobres conductores estaban arreglados. De pronto, han sido el señor y la vieja los que han armado la gresca. ¡Bonito cuadro...!

Decididamente, todo el mundo disputa: en el colegio, la mitad de los muchachos discuten; en el barrio, esta mañana la señora Caillé y la gruesa Julia discutían por un condenado cubo de basura vuelto al revés: en casa no pasan muchos días sin que haya una agarrada, y hace un momento he leído en el diario que hay jaleo en el África del Sur. Los hombres son ridículos; creo que es imposible un mundo en el que todos los hombres estuviesen de acuerdo. Diga José lo que diga, jamás llegaremos a eso.

Aquí un largo trozo —agárrate— escrito en escritura «panorámica». A lo menos éste es el título que pompo-

---

7. Barrio de El Havre, al norte de la ciudad.

samente le da Daniel. Al final de la página él mismo ha anotado que es la primera vez que se emplea esta clase de escritura. Se trata de apuntes de francés, ya que ha sido en la clase de francés donde ha surgido esta genial inven-ción. El texto se halla dispuesto en forma de abanico, la escritura en semicírculos concéntricos se hace cada vez más estrecha para terminar en una diminuta palabra en el centro. Hubiera querido de buena gana darte un ejemplo de esta invención, pero he tenido compasión del cajista. En cuanto al texto, se trata de un resumen de la «Chanson de Roland». Te remito a tus textos.

28 DE MARZO. Hace un momento, después de haber escuchado la vida deportiva por la radio, he querido poner un poco de jazz; papá quería escuchar «Carmen». Resultado: una gran discusión sobre la música de los salvajes.

«No vas a hacerme creer que esto pueda gustar a nadie, sino pura y simplemente por espíritu de snobismo. No te das cuenta de tu facha cuando escuchas jazz; inmediatamente entras en trance, te pones a gesticular, a danzar, haciendo temblar toda la casa. Nos rompes los tímpanos a tu madre y a mí.»

Una vez más papá no sabe comprender; y pienso que no vale la pena darle explicaciones. Él no se da cuenta de que nosotros, los jóvenes, tenemos necesidad de exteriorizar nuestra vitalidad. Sin embargo, es formidable dejarse llevar por el ritmo y expresarlo con toda clase de gestos. Cuando estamos varios amigos oyendo jazz, me parece que uno está más cerca del otro y todos más llenos de vida. Mientras que él, papá, cuando está sentado en su sillón escuchando «Carmen», se le oye canturrear un rato, luego ya nada. Poco a poco, después de unos cuantos saludos significativos, se sumerge en el sueño. Como música para espabilar, aquélla es la que se impone.

Ya habrás notado que los choques de Daniel con sus padres no tienen fin... ¡Y él no lo ha anotado todo en su cuaderno!

Yo sé que su madre se horrorizaba de los cambios acaecidos demasiado bruscamente en su comportamiento. «Ya no es mi muchachito», decía ella. Era verdad por una parte. Daniel, desarrollando progresivamente su personalidad, dejaba de ser un niño para llegar a ser un hombre. Debía, en efecto, entrenarse en pensar por sí mismo y no aceptar automáticamente las ideas de su padre, formar su gusto y no gustarle todo aquello que hacía el gusto de sus padres, no obrar ya por obediencia únicamente, a causa de su autoridad, sino porque él comprendía y aceptaba libremente las leyes morales. Pero esta transformación debía hacerse progresivamente, en la paz de la familia. Ahora bien, Daniel, como muchos otros muchachos de su edad, no admitía demoras. Entrando en juego la desvalorización de las generaciones, él clasificaba a sus padres entre los «viejos» y se les oponía en todo momento, tomando automáticamente la contrapartida de sus ideas, de sus deseos, reclamando ya una libertad total cuando no estaba más que en el aprendizaje de la libertad.

Demasiado tarde, por desgracia, traté con Daniel de estas violentas oposiciones, con la intención de que él pudiese atenuar su violencia. En la actualidad, yo sé que le pesa haber hecho llorar a su madre inútilmente.

1.º DE ABRIL. ¡Sensacional! Hace un momento, Juan Claudio, Pablito, Juan Miguel, Bigleux, Pascual y yo hemos gastado una broma a Cucú; le hemos telefoneado desde Teléfonos. Con una voz grave, a lo Georges Brassens, Pascual solemnemente anunció: «Aquí el Ministerio de Educación Nacional, Despacho del Ministro. Soy el encargado de hacerle partícipe de su promoción al grado de oficial de Instrucción Pública.»

Al otro extremo del hilo el otro farfullaba. Naturalmente, ese tontaina de Bigleux se ha echado a reir antes de acabar; Pascual ha tenido que colgar rápido; hemos salido todos en tromba de la cabina.

¡Jamás se puede llegar felizmente hasta el final, siempre hay uno que hace el idiota!

POR LA NOCHE. Cuando llego a casa, Juan Pedro, que me aguardaba con una cara descompuesta, me dice en un tono terrorífico: «Ha llegado otra carta del inspector general. Papá está furioso.» Yo me he roto la cabeza por averiguar a qué se podía deber otra queja; adopté aspecto de circunstancias mientras entraba. Papá no decía nada. Juan Pedro me miraba con una mirada burlona, y de pronto estalla en risas gritando «¡Inocentada!» Me ha sentado mal. Podía haber escogido otra broma mejor. En fin, una broma de niño... [8].

2 DE ABRIL. He acompañado a Pascual y a Juan Miguel a casa del sacerdote que ellos conocen. Hemos subido directamente; no estaba él allí. Yo me he quedado un poco perplejo al verlos instalarse tranquilamente como si estuviesen en su casa, escoger en el montón de discos y escucharlos; casi todos son de cantantes modernos. Pascual ha cogido cigarrillos de encima de la mesa y nos ha ofrecido; yo me he quedado todavía más pasmado. Él se ha dado cuenta: «¡No lo extrañes, el Páter es un compañero!» Durante un cuarto de hora hemos escuchado un microsurco de Edith Piaf. Es formidable esa mujer, qué voz tan profunda. Y pensar que algunos dicen que grita...

El Páter ha llegado: «¡Buenas noches, muchachos! ¡Buenas tardes, Daniel!»

¡Se acuerda de mi nombre!

Yo no fumaba, él lo ha notado: «¿Tú no has cogido cigarrillos? ¡Están ahí! Ya lo sabes para la próxima vez.» Como el otro día, su mirada se ha cruzado con la mía, y yo no he bajado los ojos. ¡Es bueno; he advertido que éramos amigos de verdad! Comprendo que Pascual y Juan Miguel no choquen con él. Pascual se ha llevado tres discos; los escucharemos mañana en su casa.

Yo me acuerdo muy bien de este encuentro. Sí, me había dado cuenta de Daniel; había oído también vaga-

8. En Francia el día tradicionalmente dedicado a las inocentadas es el 1.º de abril. (*Nota del traductor.*)

mente hablar de él a Pascual. Los primeros contactos me impresionaron siempre y los retengo, sobre todo cuando se trata de adolescentes. Nada más cautivador que el misterio de una persona, pero también nada más angustioso para un adolescente. ¿Qué hará él de esta vida que de un modo progresivo le ha sido puesta en las manos? ¿Fue su porvenir lo que yo intenté entrever aquel día en los ojos de Daniel? Porque los dos nos miramos uno al otro, me acuerdo también de esto. Daniel tenía la cara simpática de todos los muchachos de 16 años, grandes ojos de chico asombrado que no saben todavía si es niño o una persona mayor.

Yo también comprendí aquel día que seríamos amigos.

3 DE ABRIL. Juan Pedro acaba de hacer su aseo del sábado; anda en pijama. Me molesta. No voy a poder escribir todavía cosas serias...

... ...

Ha habido jaleo; él me ponía demasiado nervioso. He luchado con él encima de la cama, pero el pillo está cada día más fuerte; se defiende bien. De tanto forcejear y dar puntapiés contra la pared, papá se ha puesto sobre aviso. Ha venido: «¿Estáis locos? ¡Vais a romper la cama! Y... los vecinos... Vuestra madre mañana tendrá que oir las quejas de la señora Caillé, y lo comprendo... Daniel, seguramente que has sido tú quien has molestado a tu hermano. ¡Y eres tú quien de todos modos has de dar ejemplo! ¡Todas estas riñas terminan siempre mal; comenzáis riendo y al final hay siempre uno que llora!» Se ha marchado dando un portazo.

De pronto nos hemos puesto a hablar bajito; es la primera vez que oigo también a Juan Pedro hablar seriamente: «¡No se puede hacer nada en casa! ¡Nos toman siempre por unos chiquillos!»

... ...

...Ahora Juan Pedro ronca, después de haber tardado en dormirse; se remueve espantosamente en la cama, da vueltas de modo brusco, haciendo sonar los muelles del somier. ¡Por fin en calma completa!...

Me gusta mucho la noche, cuando no se oye ya nada. El silencio da bienestar y reposo...

... ...

En cuanto a tranquilidad, la he conseguido. Estaba en la ventana tranquilamente y he ahí que un montón de suciedades me pasaba por la cabeza, y no había forma de resistir en ese momento. Por más que me he paseado por la habitación, que he vuelto a la ventana a mirar, que he tratado de leer, ¡era imposible! Es desesperante. En este momento paso por una mala época. ¡Es además inquietante verse atormentado hasta tal extremo! Quizá no estoy muy normal...

¡Después de todo, tanto da! ¡Al diablo!

4 DE ABRIL. Esta mañana, misa. Es una barbaridad lo que me molesta estar en la iglesia. La ceremonia no se acaba, y me parece algo ridículo. Bien se puede creer en Dios sin verse obligado a asistir a misa. No veo lo que se gana con ello...

He recibido mi paga del domingo. Después de haber intentado que me la aumentasen, mamá me ha dicho: «Tú sabes bien que esto es imposible, hijo mío.» No he insistido porque sé que ella hace más de lo que puede para llegar a todo. Por otra parte, ha habido varias discusiones por el recibo del gas: ¡Se ha gastado mucho este mes! Pasando de una cosa a otra, se han dirigido mutuos reproches; a papá le parece que mamá no mira mucho por el dinero; mamá casi le ha reprochado a papá el tabaco que fuma.

Verdad es que yo me pregunto a veces cómo se las arreglan para llegar a todo. ¡Siempre cosas de dinero! No se oye hablar más que de esto en todas partes. Más adelante convendrá que me espabile absolutamente para encontrar una colocación. No quiero estar siempre con quebraderos de cabeza... Como decían los cantantes hace poco: «El dinero no hace la felicidad... de aquellos que no lo tienen.»

DE REGRESO DE PASEO. Una vez más he tenido que deambular por las calles. He vuelto derrengado y me he dejado caer en una silla.

«¡Qué blandengue eres, Daniel! — me ha dicho mamá —. Yo también estoy cansada y no tengo más remedio que preparar la comida.»

En la habitación me he echado encima de la cama. Es verdad que estoy fatigado; hay momentos que no me sostienen las piernas, se diría que son de algodón. Sin embargo, no estoy enfermo. A ciertas horas, permanecer de pie me resulta un tormento. En el trolebús, cuando he de ceder el asiento, interiormente protesto. ¡Porque uno es joven parece que no tiene derecho a estar cansado!

Es preciso que deje de seguir escribiendo estas notas, porque no he acabado mi deber de francés. ¡A qué hora voy a acostarme esta noche!

7 DE ABRIL. Genoveva ha venido a devolver unas agujas de hacer media que había pedido prestadas a mamá. Lucette venía con ella. He intentado obtener noticias de Jacqueline; pero, ¡en vano! Sobre todo porque me sentía un poco cohibido por la presencia de mamá. Siempre tengo miedo de que ella se dé cuenta de algo.

Líos con la Tutuna. ¡Qué pelma es esta criatura! Cuando se entromete es una verdadera peste.

Mañana redacción de historia, antes de las vacaciones. ¡Voy a conseguir ciertamente una calificación divertida! ¡El mes pasado fui el penúltimo!

10 DE ABRIL. La Tutuna ha marchado de vacaciones a casa de tía Magdalena. ¡Heme ahí tranquilo! Habrá un poco más de tranquilidad en casa. Diez días de calma...

Mamá acaba de hacer una escena para que me lave; siempre está diciendo lo mismo: «parece que tengo miedo al agua, ando espantosamente sucio, le soy causa de vergüenza...»

Me ha hecho volver de todos lados: «¡Pero mira tus orejas... y tu cuello..., enseña las uñas! ¡Jorge, Jorge, ven a ver a tu hijo! ¡Mira!» Yo no sé si papá ha visto gran cosa, pero, naturalmente, él ha encarecido:

«Déjalo ya, me saca de quicio ese chiquillo. Por si fuera poco, se pasa horas enteras delante del espejo para emperifollarse... ¡No obstante, tienes un buen tipo, te lo aseguro! ¡Yo que tú, tendría vergüenza!»

¡Las vacaciones de Pascua comienzan bien!

DOMINGO DE RAMOS. ¡Vaya! Otro día del que tendré que guardar recuerdo. La señora Caillé y la tía Baltin me han parado cuando bajaba la escalera; me han pedido que les traiga boj. He llegado tarde a la misa, la bendición ya estaba dada. Afortunadamente, han vuelto a impartirla al final. De regreso, ya en la calle, he mirado de esconder el boj debajo del abrigo. La tía Baltin me ha dado cincuenta francos. ¡No ha ido mal!

Ahora mismo acabamos de llegar del cementerio. ¡Eso ya es el colmo! Me queda bien grabado en la memoria este día. Hemos tenido que hacer seis visitas a seis tumbas de la familia, adoptando un aire de circunstancias delante de cada una. A la entrada del cementerio mamá ha alquilado una pala, un jarro y un rastrillo. Papá ha intervenido al instante: «¡Tú no vas a permitir que mamá lleve todo eso!» He tenido que cargar con todos los utensilios. A cada estación limpieza de la tumba: es decir, quitar algunas dichosas briznas de hierba, cuatro golpes con el rastrillo y después un minuto de silencio por nada, no más que por el gusto de quedarse plantado. Yo espiaba el momento en que mamá iba a dar la señal de partida, haciendo sobre mí una rápida señal de la cruz. ¡Qué largo es un minuto! Ha habido que ir a buscar a Juan Pedro, porque corría por medio de las tumbas. Es una falta de respeto.

¡Y pensar que todo esto ha tenido que ser por causa de unos huesos podridos! Yo no comprendo a mamá, que se tiene por una creyente. ¡Como si hubiese necesidad de molestarse por ir a rezar a los muertos!

12 DE ABRIL. En casa de Juan Claudio hemos estado trabajando toda la tarde para terminar el aparato de radio de galena. Hemos tratado sin resultado de captar Inglaterra. Debe haber un error de montaje que Bigleux descubrirá a buen seguro tras un simple examen del aparato.

Juan Claudio me ha acompañado a casa. En casa se le aprecia mucho, teniendo como tiene todas las cualidades... Cuántas veces no me lo han repetido: «¡Ah, si tú fueras como Juan Claudio; mira a Juan Claudio; no será sin duda Juan Claudio quien...» Yo se lo he dicho a él. Él me ha respondido: «No te extrañe, Daniel; en casa pasa exactamente lo mismo contigo.»

De vuelta he visto a Jacqueline.

13 DE ABRIL. Formidable el rato pasado en la pista con los coches eléctricos. He ido con Juan Claudio, quien ha encontrado allí a una de sus amigas y la ha hecho subir en su cochecito. Por mi parte, yo he encontrado a Lucette; la he invitado. Pero, de golpe, ella me ha pagado tres vueltas, ya que tenía dinero. Hemos regresado los cuatro hasta casa de Juan Claudio y desde allí he venido solo con Lucette. En el patio me ha dicho adiós gentilmente. «¡Tendremos que volver otro día; nos hemos divertido la mar!»

14 DE ABRIL. He bajado al patio común a pasear, porque estaba aburrido y esperaba ver un poco a Lucette. No la he visto.

POR LA NOCHE. Acabo de ver a Lucette y nos hemos puesto a charlar. Es una muchacha chic, pero es desgraciada en su casa: sus padres no saben comprenderla. Había tenido relaciones mucho tiempo con un muchacho por el cual estaba loca y que la ha dejado. He tratado de animarla, pero ella está verdaderamente decaída. En verdad que hay muchachos que viven de tomar el pelo.

VIERNES SANTO. No me gustan estos días; uno se siente triste sin saber por qué. Nadie ha venido a verme ni yo he visto a nadie.

La Tutuna debe de pasarlo bien en este instante. Es curioso, pero uno siente, sin embargo, su ausencia. Ya tengo ganas de que vuelva.

SÁBADO. Recibo una postal de la Tutuna. Ha escrito una carta a casa, pero ha tenido a bien enviar aparte esta postalita para mí. En el fondo es una buena muchacha que tiene buen corazón, y yo me entiendo bien con ella.

En la página donde Daniel ha escrito estas líneas he encontrado la postal: desastrosa fotografía de una calle del pueblo donde la Tutuna pasaba las vacaciones. En el dorso leo este texto: «Mi querido Dany, de vacaciones, pienso mucho en ti. Ayer fui a ordeñar las vacas con tío Lucio. ¡Es algo muy divertido! Luego hemos hecho mantequilla; ellos tienen una bonita máquina, muy nueva. La balsa desborda actualmente. Hasta pronto. Te abraza muy fuertemente. Tutuna.»

20 DE ABRIL. Hace un momento, Lucette me ha detenido en la escalera. Durante la conversación he sabido que iba al colegio técnico, pero que deseaba seguir sus estudios en el Instituto y su padre no lo quiso. ¡Es una especie de bruto que no comprende nada! Es lástima, porque ella es muy inteligente y yo la creo capaz de hacer sus estudios. Es una muchacha que vale; no se encuentran con frecuencia chicas como ella. Hemos hablado de nuevo sobre sus pesares; ella se porta de una manera muy sencilla conmigo, me lo cuenta todo, y parece tenerme una entera confianza.

21 DE ABRIL. He atrapado a Juan Pedro en su cuarto: delante de la ventana abierta de par en par; fumaba, y tenía en la mano un paquete de pastillas de menta. Me ha dicho que cuando fuma, chupa siempre las pastillas a fin de no delatarse cuando da un beso a mamá. Yo le he dado un cachete. ¡A su edad yo no fumaba aún! ¡Se vuelve desvergonzado ese muchacho! Fue Bernardo quien le proporcionó un paquete de «Balto». ¿Qué os parece?

22 DE ABRIL. Ha llegado la Tutuna. Se ha quedado dos días más en el campo, tía Magdalena había insistido para retenerla.

Mamá ha ido a la estación a buscarla. Esta noche a la mesa no existía más que ella en este mundo; papá le hacía hablar, muy dichoso de oírle contar sus aventuras. A mí, por el contrario, me fastidiaba; sin embargo, yo la echaba de menos y ahora que ha regresado ya comienzo a estar harto de ella. Para colmo, he tenido que habérmelas con Juan Pedro secando la vajilla, porque la señorita, de regreso de vacaciones, no podía ensuciarse su vestido de los domingos.

Juan Claudio ha venido a buscarme para ir al cine, pero, como era de esperar, la autoridad paterna ha impuesto inmediatamente su veto. No quiere que salga esta noche porque: «¡Soy demasiado joven!» Yo creo que a los veinticinco años seré todavía demasiado joven. ¡Qué suerte tiene Juan Claudio con unos padres que le dejan libre!

26 DE ABRIL. Vuelta a las clases.

He bajado con Lucette hablando muy seriamente. Es cosa agradable, ella tiene conversación.

28 DE ABRIL. Delpierre no ha vuelto todavía al colegio desde que se dislocó el pie al caer de la «bici». Pascual y Juan Miguel ha propuesto ir a verlo mañana por la tarde; varios muchachos están de acuerdo. De regreso entraremos en el Atlético a jugar una partida.

29 DE ABRIL. Visitado Delpierre: éramos seis. Remigio había traído unos libros. Después de haber charlado un rato, Delpierre nos ha enseñado sus modelos miniatura. Hay chismes que verdaderamente no están mal, entre otros una reproducción exacta de un Laté 631. Su madre parecía contenta de nuestra visita, pero se ha creído en el deber de decirnos: «Si Guy se cayó fue por su culpa, va siempre como un loco en la bicicleta.» Así pues, siempre la misma canción: ¡es que vamos a unas velocidades locas! En verdad, si uno fuese a dar crédito a los padres, seríamos todos capaces de dar la vuelta a Francia...

En el Atlético los futbolines se hallan ocupados, ¡siempre por los mismos, no faltaría más! Hemos ido a pasearnos a lo largo de la orilla del mar. Gran cantidad de tiendas de playa están ya instaladas. La verdad es que, en verano, uno desea bañarse. Hemos estado andando durante un buen rato: eran más de las ocho cuando he regresado. Papá ha rezongado porque era tarde. «¿Cómo es que has de volver a estas horas? Te lo he repetido mil veces: Tomas la casa por un hotel.»

Durante la cena, interrogatorio: «Daniel, ¿qué es lo que has hecho esta tarde?»

—¡Nada de particular!

Mamá se ha encogido de hombros.

Son formidables. ¿Qué quieren ellos que les cuente?

1.º DE MAYO. Vacación. Es la fiesta del trabajo. He ido a ver el desfile.

POR LA NOCHE. De pronto, mamá me ha recordado que mañana es el último domingo para cumplir con Pascua. No tenía por qué recordármelo; soy lo suficiente mayor para saber lo que debo hacer. Se lo he dado a entender secamente, lo que no le ha gustado mucho.

Cumplir con Pascua no es gran cosa, pero hay que confesarse, y yo tengo horror a eso. Reflexionándolo bien, no tengo gran cosa que decir: aparte los chistes impúdicos y el dinero quitado a los padres, yo no he hecho nada sino decir embustes, como todo el mundo. Tendré que llenar un poco el fardo para que resulte algo que esté bien: desobediencias, palabras groseras, olvido de rezar, es decir, tonterías así. Voy a dar un vistazo a mi catecismo.

2 DE MAYO. La confesión se ha pasado bien. He ido con el párroco. Como había un gentío enorme, él iba muy de prisa. ¡Por suerte, no me ha hecho ninguna pregunta! Tanto es así, que en saliendo he podido comulgar en seguida. Detrás de mí los demás han tenido que esperar a la otra misa.

He rezado para salir bien pasado mañana de mi composición de geografía.

4 DE MAYO. Dios nuestro Señor me ha escuchado: la pregunta era fácil.

Desde hace ocho días bajo al colegio con Lucette. ¡Resulta algo agradable! ¡Ella es encantadora de verdad! Este mediodía hablábamos tan entretenidos que los dos hemos llegado tarde.

8 DE MAYO. Un compañero del Instituto había avisado a Pascual que ellos organizaban esta mañana una manifestación en fila india. A la salida del colegio nos hemos unido a ellos en la calle Thiers. Era algo serio, los coches de la policía seguían de lejos (disfraces, serpentinas, banderolas, etc...), todo el mundo se paraba para vernos pasar. De repente, en la esquina de la calle, el grupo que iba en cabeza se ha lanzado sobre el puesto de Lotería nacional, y antes de que la vendedora pudiese hacer ningún movimiento, la barraca y la buena mujer estaban en el aire. Las llevaban triunfalmente, a pesar de los gritos de la vieja. Algunos transeúntes aplaudían, otros estaban indignados. Para acabar, en vista de que la mujer gritaba demasiado, han dejado el quiosco en tierra y lo han vuelto cara a la pared. Esta vez todo el mundo reía, pero nadie pensaba en socorrer a la pobre mujer.

Segunda parte

EL AMOR «A SÍ MISMO»
O EL FRACASO DEL AMOR

11 DE MAYO. Casi me he peleado con Juan Claudio. Se enfada porque no voy con él. En efecto, subo todos los mediodías y todas las tardes con Lucette. Tomamos la cuesta Lechiblier y puedo aseguraros que nos retrasamos lo más posible. Es algo ciertamente agradable; ¡nos comprendemos tan bien! Juan Claudio no lo puede entender, él no sabrá jamás qué es amor...

12 DE MAYO. Me las he arreglado para cogerle la mano a Lucette; ella me deja hacer. Hemos subido todos los peldaños de la cuesta cogidos de un dedo, balanceando marcadamente el brazo para hacer creer que era un juego. En lo alto de la cuesta la he dejado porque tenía miedo de que alguien nos viese.

... ...

Acabo de volver a bajar para encontrarla; la había visto en la calle. Hemos charlado largo rato en el corredor de la escalera.

Estaba muy cerca de ella; jamás había experimentado lo que he sentido en ese momento. Yo creo que si me hubiese atrevido... ¡la habría besado!

Al regreso, mamá me ha dicho: «¿Qué es lo que hacías tanto rato afuera? ¡Hace más de una hora que has salido!»

—¿Y qué más?

—¡Qué mal educado eres!

—¿Acaso tengo yo la culpa? ¿Quién me ha educado?

He tenido el tiempo justo de encerrarme dentro de mi habitación. Creo que me hubiera pegado.

14 DE MAYO. En el colegio no he hecho nada, de puro nervioso que me sentía. Estaba soñando cuando el profe de física ha pedido los trabajos. Por más que me hubiese empeñado en presentarlos no hubiese podido, porque no están hechos... Le he dicho que tenía otras preocupaciones en la cabeza.

—Usted hará dos horas de castigo.

—¡Con mucho gusto!

—Pues bien, ¡hará cuatro!

¡Heme ahí con mis cuatro horas de más! Después de todo, me importa un pepino. Todos me hacen sudar la gota gorda.

15 DE MAYO. El castigo no se pasa mal del todo. Como el que vigila es «el pequeño Jeuno», puedo garrapatear algunos párrafos en mi cuaderno y soñar a mis anchas. He avisado a Lucette que estaba en el colegio, espero que dentro de poco ella vendrá a buscarme.

... ...

He tenido que dejar rápidamente mi cuaderno: por poco el pasante me lo pilla... Ya lo veo leyendo todos mis recuerdos.

POR LA NOCHE. ¡Ya está: he besado a Lucette! Después de todo, ha sido por su culpa. Subíamos juntos, la he cogido por la espalda; mimosa, se ha apretado contra mí. Entonces nos hemos parado en un rellano: nos hallábamos muy juntos uno del otro, cara a cara; yo la sentía temblar, he perdido la cabeza. He notado que me subía el rubor; hubiera deseado huir; pero no me he movido; no he dicho nada... Ella no ha dicho nada.

Esta noche en la mesa me sentía mohíno; inútilmente intenté decir alguna cosa, pues tenía la impresión de que iban a darse cuenta de algo. Mamá me ha mirado varias veces con insistencia:

—¿Todo va bien, Daniel?

—Sí, ¿por qué no?

—Estás un poco cansado esta noche...

A pesar de todo, notaba que ella continuaba mirándome. Tan pronto como he acabado de cenar me he marchado a mi habitación.

A LAS ONCE Y MEDIA. Acabo de levantarme: no podía dormir; un montón de ideas me venían a la cabeza. ¡Sin embargo, es una tontería besar a una muchacha! Si yo hubiera pensado...

La página que sigue está rota, nadie sabrá lo que Daniel escribió aquella noche presa de su emoción. Por José, a quien se confió, supe más tarde cuán agitado se hallaba Daniel por este primer beso que él no había querido dar. Se le había escapado, no podía ya deshacer lo hecho; fue una debilidad que él sentía, y no el gesto de amor muy puro que él había soñado ofrecer a aquella que sería su compañera de siempre...

Había errado su primer beso, y lo había llorado...

(*Probablemente el 16 de mayo*) ...se encontraba fuera. Entonces yo le he dado un puñetazo; él me ha respondido, nos hemos peleado. Creo que si hubiese podido lo habría dejado tumbado en el suelo. En efecto, cuanto más le golpeaba más me enfurecía. Él se ha escapado a tiempo. He regresado a casa con el bolsillo de mi chaqueta roto. Mamá estaba allí; yo había esperado poder ocultárselo. Ella se ha puesto a gritar; yo he gritado aún más que ella, como un loco, dando puñetazos sobre la mesa, y de un puntapié nervioso he enviado a paseo su caja de costura, deshaciéndola por completo.

Llegado a mi cuarto, he llorado encima de la cama. Oía llorar a mamá y esto me enfurecía todavía más. ¡Ah! ¡Qué vida, y qué asco me da!

17 DE MAYO. Lucette se ha paseado por el patio aguardando casi una hora. Sin cesar miraba hacia mi ventana.

Yo la observaba detrás de la cortina. Es evidente que me aguardaba. Tenía que ir a casa de Juan Claudio a buscar su libro de química, pero no he bajado por no encontrarme con ella. Si continúa con esta actitud va a dar pie a que se fijen en ella, y entonces los vecinos no tardarán en chismorrear.

19 DE MAYO. Hace cuatro días que no he hablado con Lucette, tomando voluntariamente otro camino. No obstante, he sentido deseos de verla, pero temo... Esta tarde Juan Claudio quería subir conmigo, se lo he impedido, porque prefiero ir solo y dar vuelo a mi fantasía. De creerle a él, desde hace unos días estoy que no se me puede tocar ni con pinzas. ¡Otro más! Es verdad, todo el mundo se ha de meter conmigo. ¿Qué es lo que tengo de particular?

22 DE MAYO. Lucette me ha hecho enviar cuatro líneas. Estoy satisfecho, pero el juego es peligroso, desconfío siempre de los intermediarios.

Pegada en la misma página hay la faja de una madeja de lana. Se adivina que el papel ha sido plegado en todos los sentidos. Trazadas a toda prisa, estas palabras:

«Mi querido Daniel, no te comprendo. ¿Estás enfadado conmigo? Siete días han transcurrido desde la tarde aquella maravillosa en que tú me expresaste tu amor. Yo no he podido encontrarte de nuevo. El lunes estuve aguardándote durante una hora. Tengo necesidad de ti de una manera espantosa. Te lo suplico, respóndeme.

»Tu pequeña Lucette que te quiere.»

... ...

Veré a Lucette otra vez.

26 DE MAYO. No tengo ánimos para escribir ahora. Releyendo los apuntes de mi vida de estas tres últimas

semanas, me doy cuenta bruscamente de que no hablo ya más de Jacqueline. Es asombrosa la forma en que ella ha desaparecido de repente, no obstante amarla yo de verdad. Cuando ahora pienso en ella me quedo tan frío. El otro día la vi pasar y la contemplé durante un buen rato sin emoción alguna. Después de todo, yo no sé si la amaba de verdad. Y sin embargo...

En clase, actualmente me veo incapaz de hacer lo que sea. Me cuesta un horror fijar la atención; a los cinco minutos estoy ya a cien mil leguas, aun en clase de historia se me hace el tiempo largo. Y mi repaso, que no lo he comenzado todavía... ¡Voy a hacer un buen papel al final del curso!

Juan Pedro acaba de entrar en la habitación, cantando. Lo he hecho callar inmediatamente. Quiero estar sin ningún cuidado que me preocupe. Pero si él no los tiene es porque es superficial, y esto me crispa los nervios.

27 DE MAYO. Juan Claudio ha venido a buscarme para ir al cine; yo me había puesto de acuerdo con él. Mamá no se ha atrevido a negárselo, ya que él supo pedírselo con gentileza. Hemos visto *La vocación del pródigo*. De regreso he divagado encima de la cama durante más de una hora. Trataba de sentirme el héroe de la película. ¡Qué gusto da divagar: se puede ir muy lejos! Lo más duro es volver a la realidad; parece que la vida se haga todavía más pesada de llevar.

De pronto anochece y comienzan a caer gruesas gotas de agua. ¡Es algo triste!

28 DE MAYO. Lucette, dándose cuenta de que yo deseaba y temía a un mismo tiempo encontrarme con ella, ha venido a mí haciéndose la encontradiza en la cuesta Lechiblier. Yo remoloneaba un poco, aguardando a que ella viniera. Al ruido de sus pisadas la he reconocido. No me atrevía a volverme. De un salto me ha abordado:

—Daniel.

—¡Mi pequeña Lucette!

Esto fue todo. Ni una palabra sobre el beso del otro día. Me he sentido aligerado. Tenía miedo de que me lo recordase, de que me pidiese otro. Ha sido como un peso del que me he librado.

Yo buscaba su mano, y lentamente, muy cerca el uno del otro, hemos subido, parándonos mucho en cada rellano. Igual como hacíamos antes.

No sé por qué ha pegado aquí Daniel una foto de Louis Armstrong recortada de un Paris-Match. Poco importa, yo te lo hago saber sólo por ser fiel a su diario.

29 DE MAYO. Pascual ha cumplido dos horas de castigo. Motivo: un bombardeo de bolitas de papel masticado. La próxima vez, en represalia, la clase entera abrirá fuego desde sus baterías...

31 DE MAYO. He bajado y subido con Lucette.

2 DE JUNIO. Buscando tuercas para el aparato de galena de Juan Claudio he encontrado mi extensor olvidado dentro de un envoltorio de ropa sucia... ¡En buena hora decidí ejercitarme cada día! No tengo perseverancia.

Desde esta noche volveré a entrenarme.

3 DE JUNIO. Afuera, en el corredor de la escalera, he conversado con Lucette una hora. Ayer al mediodía se ha visto negra en su casa: sus padres no quieren que se pinte los labios los días de entre semana. Porque ella respondía, su padre la ha tratado brutalmente.

He tenido que consolarla: tenía los ojos llorosos y hablaba de escaparse de casa. Yo la abrazaba. La señora Caillé, que entraba, ha chocado con nosotros. «¡Oh, perdón, no me había dado cuenta!» Instintivamente he rectificado la postura, pero demasiado tarde: no la había visto venir. ¡Ahora sí que estoy apañado: esto va a llegar a oídos de mamá!

Por la noche. ¡Estoy reventado! Hacía buen tiempo. Había gente en los portales. En la calle, por delante de casa, nos hemos entretenido con la bicicleta Bernardo, Juan Pedro, sus amigos y yo: carreras, zigzags, frenazos bruscos delante de las muchachas... Yo trataba de correr lo más veloz posible, tomando una actitud de naturalidad para hacer creer que aquélla era mi velocidad normal. Al pararme estaba sin aliento, pero no quería aparentarlo. Con esta gresca, Juan Pedro ha roto su cadena.

Todo ha vuelto a su calma. Escribo junto a la ventana. El tiempo está bochornoso. ¡Me gustan el olor y el calor de estar tardes de junio!

5 de junio (en el colegio, en clase de «mate»). Preparación de municiones. Cucú no se da cuenta de que la clase se halla transformada en una fábrica de armamentos; yo ya no tengo saliva de tanto mascar papel secante. Delpierre, a los tres cuartos de clase, de pie, da las órdenes en voz baja; yo tengo unas ganas locas de reir. Hace señal a Bigleux de meter en la mesa del fondo una reserva de municiones. Bigleux no comprende nada y se pone nervioso. Casi en voz alta exclama:

—Habla más fuerte.

—¡Tavert, usted se quedará dos horas!

Risa general.

En clase de inglés. Léambre escribía en la pizarra cuando Delpierre dio la orden de abrir fuego. En un instante la pizarra fue acribillada de proyectiles. Yo creo que por esta vez ni uno solo se ha rajado. ¡Victoria! Léambre estaba pálido como un cadáver cuando se ha vuelto: «¡Mi enhorabuena, caballeros, pueden ustedes continuar!», dijo con énfasis. Luego salió. Hubo un momento de silencio y Delpierre gritó: «¡Muchachos, despachad pronto todas las bolitas, se ha ido a buscar al inspector!»

Léambre de regreso.

—Vea usted, señor inspector —dijo señalando la pizarra...

El inspector se paró estupefacto, murmurando algo entre dientes. Tengo la impresión de que se mordía los labios para no echarse a reir. Después repuso: «¡Señores, ustedes no considerarán una sorpresa que les invite a todos a quedarse el sábado por la tarde!»

¡Nos importa un pepino, Pascual ha sido vengado!

POR LA TARDE, AL VOLVER A CASA. Salida triunfal del colegio. La gente estaba animada, Juan Claudio iba a todo gas, y en plena plaza Thiers se para bruscamente: «¡Mirad, muchachos!» Señalaba hacia el cielo. Al punto hemos comprendido. Con las caras dirigidas a lo alto, hemos mirado haciendo exclamaciones. Se ha reunido un gentío. Un poco más allá paraba cortésmente a una señora: «Dispense, señora, perdóneme que la detenga, ¿Su sombrero es de alquiler?» Hemos salido escapados, dejándolo solo.

DESPUÉS DE CENAR. A la mesa, mamá ha sacado una vez más la frase: «¡Daniel, estás muy callado esta noche!»

—¿Qué quieres que te diga?

—Dinos lo que has hecho hoy.

—¡Nada de particular!

Mamá se ha encogido de hombros: «¡Siempre nada! ¡Resulta muy agradable vivir contigo! ¡Una está muy enterada de tus cosas!»

—Tu madre tiene razón — ha intervenido papá —. En casa estás mudo. Con tus compañeros te pasas horas charlando, mientras que aquí te estás días enteros sin dirigirnos la palabra.

Yo me pregunto qué es lo que les puedes decir.

DOMINGO DE PENTECOSTÉS. Tiempo espléndido. Playa. Nos hemos reunido siete: Bigleux, Pablito, Beslard, Juan Claudio, Remigio y Sergio. Yo he tomado el primer baño de la temporada, a pesar de que el agua estaba fresca. En la arena hemos estado jugando al balón y hemos invitado a unas muchachas que se encontraban allí

Después de la partida nos han llevado a la tienda que

habían alquilado para una quincena; la han arreglado muy bien, por la noche pueden cenar y todo allí.

Al principio estábamos todos sentados en la plataforma delantera, y Remigio lanzaba miraditas. Pero nos hemos animado pronto, y ha comenzado la bulla: perseguirse, gresca, etc... Algunos muchachos se aprovechaban y había chicas que no mostraban ningún pesar por ello... Bigleux no se paraba en chiquitas. En él no me extraña. Por mi parte, yo estaba apoyado contra la tienda y no sabía qué hacer; a ratos reía para aparentar que me divertía, pero estaba horriblemente molesto; creo que Remigio se ha dado cuenta. Él también parecía desconcertado. En una ocasión, como la cosa se ponía mal de verdad, ha intervenido decididamente: «¡Vamos, muchachos, tanto ya cansa!» Lo ha dicho tan sin ambages que los otros han cesado inmediatamente.

—¡Todos a la arena, un partido de fútbol!

Y todos le han seguido.

Yo lo he admirado; no me habría atrevido a hacer otro tanto.

8 DE JUNIO. Venía arriesgándome desde hacía tiempo... Estaba afuera en el corredor de la escalera con Lucette, las manos en su cuello, y llegó papá, que venía del trabajo. De momento no me ha dicho nada; se ha metido en casa, he oído cerrarse la puerta. Yo no sabía qué hacer, he dejado bruscamente a Lucette para irme a pasear por el barrio durante una hora, buscando un pretexto, o inventar un cuento, algo; pero no he hallado nada y he vuelto a casa. A pesar del silencio he comprendido, al ver la cara de mamá, que papá le había hablado.

Luego de la cena, a toda prisa, me he ido a mi habitación. ¡Un cuarto de hora, media hora, entretanto nada! Juan Pedro ha venido a acostarse. Yo esperaba todavía. Al fin papá ha entrado: «¡Daniel! ¡Ven!»

A pesar de mis esfuerzos, las piernas me temblaban. Papá estaba extraordinariamente sosegado; me hizo sentar.

—Daniel, que no te vea una sola vez más con esa

muchacha. Exijo que de vuelta del colegio vengas inmediatamente a casa, y yo controlo absolutamente tus salidas. En cuanto a esa cualquiera, con sus pantalones largos y sus cabellos estirados que le caen por detrás, voy inmediatamente a su casa y hablaré cinco minutos con sus padres...

Yo trataba de justificarme: «¡Por una vez que he estado con ella...!»

Mamá, que no había intervenido aún, salta:

—¿Cómo, por una sola vez...? ¡Como si fuese la primera! ¡No te hagas el tonto...! ¿Acaso no sabes que todo el mundo te ha visto? No han faltado vecinos que se hayan encargado de avisarme: «¿Ah, vuestro Danielito tiene relaciones?» La señora Caillé me ha hecho saber discretamente que estabas en unas actitudes... Y, como te ha dicho tu padre, con una muchacha como ella... ¡Una hija de divorciados! Daniel, ¿en qué piensas? ¿Es así como te hemos educado? ¡A tu edad! ¡Qué ejemplo para tu hermano y tu hermana! Y nuestra reputación... ¿Crees tú que nosotros nos merecemos esto, con todos los sacrificios que hemos hecho por ti? Nos hemos desvivido por darte una educación conveniente. No tienes todavía diecisiete años y ya vas con chicas por las calles... Si continúas así, ¿qué va a ser de ti...? Bien puedes decir que no das más que disgustos a tu madre. ¡Tú quieres que me muera antes de tiempo!

Ella no podía ya hablar más; se sentó como agotada y comenzó a sollozar. Papá estaba molesto.

—Elena, no te pongas así — y volviéndose a mí:

—¡Es verdad que matarás a tu pobre madre! ¡No tienes corazón! ¡Hala, vete!

... ...

...¡Yo no tengo corazón...! ¡Yo! ¡Yo no tengo corazón...!

Estas dos páginas del cuaderno están arrugadas y cubiertas de gruesas manchas: parece como si hubiera llovido sobre el texto... Daniel aquella noche lloró más de una hora, derrumbado sobre su mesa; estaba verdaderamente desespesado, desamparado. Sentía su corazón todo henchido de amor, presto a darse sin reservas, y sus padres le parecían más lejanos que de costumbre, muy lejanos; tan incapaces de comprenderle como él lo era de saber expresarse.

9 DE JUNIO. Al subir he visto a Lucette y se lo he contado todo. He tenido miedo de no poder llegar hasta el final, estaba a punto de ponerme a llorar delante de ella.

—Mi querida Lucette, convendrá que nos veamos a escondidas, sería terrible si nos pillaran.

—Yo haré por ti lo que sea menester, tú lo sabes.

—Lo sabía.

Reflexionando sobre todo esto, pienso que papá no sería tan severo si se tratase de otra muchacha. Es el tipo de Lucette lo que no le ha convencido: no juzga más que por lo exterior, ni sabe lo que ella es, ni lo que ha sufrido. En cuanto a mamá, el deshonor se ha cernido sobre la familia...

Me da asco, todo me da asco... jamás saldré de este atolladero...

... ...

He tenido el tiempo justo de esconder mi cuaderno, entraba mamá. Ha venido a mi lado, se ha puesto tierna, me ha hablado bajito: «Daniel, hijo mío, prométeme que esto se acabó, ese lío, y que ya jamás volverás a ver a esa muchacha. Me das lástima, hijo.»

Ella volvía a llorar, sin sollozos esta vez. Pero yo la sentía trastornada, apenada profundamente. Tenía unas ganas locas de cogerla por el cuello, de besarla, de consolarla, de explicarle. Pero no he podido expresar una sola palabra.

Se ha marchado lentamente, como a disgusto, no había obtenido nada de mí.

... ...

He permanecido largo rato sin reaccionar. Esperaba que llegase este momento, pero lo temía más que todo; encuentro ridículo el tormento de mamá y, a pesar mío, ella me da lástima. Sin embargo, es inútil explicarle: no podrá comprender. Lo mejor es callarse. ¡Me callaré, pues!

11 DE JUNIO. Todo va mal. En el instituto he fallado por completo la composición de física. Hace un momento Juan Claudio me dijo: «¡Tú andas todavía al revés!» En casa, apenas llego, voy derecho a mi cuarto para estar solo, y, naturalmente, la pifio... En estos momentos la tentación se hace asediante y me halla sin saber cómo reaccionar. Las desgracias se suman a mi estado de depresión y me atasco más y más.

14 DE JUNIO. En casa no han vuelto a hablarme de Lucette. Yo continúo viéndola a escondidas.

Subimos por otro camino y de vez en cuando cambiamos de ruta para no ser descubiertos.

16 DE JUNIO. He salido con Pascual y Remigio. En la calle General Serrail me han dejado para asistir a una reunión. Forman parte de un movimiento de Juventud Estudiantil Cristiana, como la J. O. C. de José. Me hubiera gustado ir a bañarme, pero no sentía ánimos para ir solo.

Miraba por todas partes con la esperanza de encontrar algún amigo. ¡Nadie! Entonces he subido a leer la novela que me ha dejado Juan Claudio. Es apasionante, pero hay demasiadas descripciones; las salto.

17 DE JUNIO. El jueves próximo Pascual y Remigio quieren hacer cine para todos los muchachos. Suponen que uno se aburre los jueves y que sería bonito reunir a toda la clase. Les prestan un aparato y películas; para las invitaciones, como se necesitan muchas, me han pedido que tenga la bondad de escribir unas cuantas. Yo estaré también encargado de recibir a los muchachos. Se piden 30 francos a cada uno para cubrir los gastos.

18 DE JUNIO. Mañana voy a ir de compras con mamá. Hace tiempo que me prometió un pantalón y una camisa sport. Los necesito, ya que había tenido que quitarme la chaqueta y me daba vergüenza que me viesen mi vieja camisa kaki, tanto más cuanto que se notan los bolsillos arrancados para poner retazos a los codos.

19 DE JUNIO. Estoy sin fuerzas: hemos ido a cuatro tiendas antes que mamá se decidiese por el pantalón. Yo no estoy muy satisfecho: las perneras son demasiado anchas, ya no está de moda. Pero mamá dice que si es demasiado estrecho, se gasta más pronto por el roce de las rodillas.

La camisa me está muy bien; es a cuadros verdes, amarillos y negros de regular tamaño, cuello ancho y cremalleras en los bolsillos. Mamá no estaba de acuerdo: «No comprendo cómo te pueda gustar eso... En fin, es para ti...» Por una vez me ha escuchado.

Me ha comprado también escarpines y dos slips «canguro».

En total, he ahí una tarde que le ha costado cara. Pero ella no ha dudado y parecía contenta. Sin embargo, la he oído murmurar: «¡Pero cómo se va el dinero!»

20 DE JUNIO. Entrando bruscamente en mi cuarto, he encontrado a Juan Pedro sentado en la cama y metida la nariz en un libro de historia natural. Lo ha cerrado inmediatamente, poniéndose colorado. He comprendido: busca saber algo.

¡Pobre muchacho! Me doy cuenta de que desde hace algún tiempo se plantea sus problemas. Quisiera ayudarle, pero no sé cómo. ¡Él también va a saber lo que es bueno!

¡Qué culpa tienen los padres por no decirnos nada! He podido comprender que, en varias ocasiones, papá quería hablarme, pero se sentía todavía más molesto que yo. Por otra parte, era demasiado tarde: yo ya sabía lo que él quería decirme. Los padres nos toman siempre por unos chiquillos; no saben que ya en la escuela primaria y aún antes en los párvulos se discute de todo eso entre los compañeros; ¡y hay que ver cómo! ¡Cuando los tenga, a mis hijos les hablaré antes!

Voy a dejar, como si nada, la carta en el armario, en el estante de Juan Pedro.

Se trata seguramente de aquella carta de que ya te hablé. Hela ahí:

«Mi querido joven:

«Te había prometido esta segunda, la creo útil, ya que me da miedo que no veas muy claro eso de la lucha por la pureza del amor.

»Tú estás de acuerdo conmigo, aunque no sea más que en decir que Dios ha hecho perfectamente todas las cosas. Su plan es bello: desea que el hombre sea su colaborador en la creación de la humanidad y que esta creación se haga entre dos, hombre y mujer, uniendo sus corazones y sus cuerpos en un verdadero amor. Pero tú también estarás de acuerdo en que a los catorce o quince años no se está todavía lo suficientemente desarrollado moral ni aun físicamente para tomar la responsabilidad de una familia. Hay que aguardar antes de que uno pueda casarse de un modo razonable.

»¿Por qué Dios ha querido esta espera sino para prepararte? Varios años no son nada. En efecto, ya te he dicho que en lo que se refiere a las funciones de la generación, físicamente tú en nada difieres de un animal, pues como en él, es el instinto quien te guía. Esto explica tu atracción hacia las muchachas, la emoción que sientes ante un desnudo, los pensamientos que acuden a tu cabeza y las representaciones más o menos limpias de tu imaginación. No hay en ello *nada de extraordinario,* ni de malo; lo que sería malo y peligroso es *dejar que se desarrollaran en ti todos estos deseos y estos pensamientos sin sujetarlos a una disciplina,* ya que tú eres un hombre y es el hombre el que en ti debe dominar al animal. Tienes que observar el dominio de tu cuerpo, o volver a él de una forma progresiva, para usar de él más tarde para la generación, no por el instinto, sino *por amor*. Esto no es fácil. ¿Quieres algunas reglas precisas?

»Puesto que todo lo que concierne al amor es bello y querido por Dios, tú puedes pensarlo, hablarlo..., pero cada vez que tu imaginación, tus lecturas, las conversaciones, las figuras, las películas, etc..., te presenten el amor de forma indecente, hay que reaccionar lo más rápido posible y no querer que sea truncado, aunque no sea más que en pensamientos, el maravilloso plan del Padre.

»Tu cuerpo también es bello; tú puedes, pues, mirarlo, cultivarlo, desarrollarlo con orgullo, pero no hacer de él un ídolo, «darlo inútilmente...» (en el deporte mal comprendido, por ejemplo), todavía menos no respetarlo en sus órganos y funciones de la generación. Están hechos para dar la vida y no para darse placer, sólo o con otros. Provocar *voluntariamente, por su propio placer,* un derrame de líquido generador, es una falta, ya que es un gesto egoísta gastar inútilmente sus fuerzas de vida. El animal y su instinto se muestran entonces y no el hombre. La lucha es a veces dura, sobre todo cuando el muchacho, por ignorancia o falta de voluntad ha dejado que arraigara y se desarrollase un mal hábito, pero esa lucha constituye la ocasión de forjarse una voluntad firme y de prepararse un hogar sólido.

»No pienses, pues, en ti, piensa sobre todo en "ella". Tú no la conoces aún. ¿Esto es una razón para no serle fiel desde ahora? Si tomas la costumbre de ensuciar las cosas del amor y de gozar egoístamente, desperdiciando el plan establecido por Dios, no sabrás darle en claridad y fidelidad todo tu corazón y todo su cuerpo. *Luchar por la pureza es aprender a amar.*

»Afortunadamente, fíjate. Dios ofrece a cada uno varios años para hacer este aprendizaje. Fallarlo sería grave, va en ello la belleza y solidez de tu hogar de mañana.

»Buen ánimo, mi amigo. Te reitero mi sincera amistad.»

No he salido, porque comienzo de nuevo mis economías para comprarme la cámara fotográfica.

Me he puesto a divagar toda la tarde y el tiempo ha pasado aprisa. Cuando llego a olvidar el presente, es agradable. Me imagino ser tal o cual héroe, y las horas pasan sin que me dé cuenta...

21 DE JUNIO. Zézette me ha preguntado en clase de alemán, yo no había repasado nada, y la he pifiado.
—¿Qué hizo usted ayer? — me ha dicho ella.
—¡Tenía trabajo!
Si ella supiera...

24 DE JUNIO. Esta tarde en la sesión de cine había diecinueve muchachos de la clase: dos documentales sobre África y un dibujo animado. Después hemos bebido juntos vino blanco. Pascual había traído su pik-up para escuchar jazz. Eran los discos de Bigaud; yo he contado hasta trece microsurcos en la caja donde los lleva. Tiene una bella colección solamente de jazz.
Me he quedado con Juan Claudio, Remigio y Pascual para arreglar la sala. Toda la tarde hemos estado conversando; es agradable; habrá que volver a hacerlo, pero prever un programa más largo, y algunos juegos, para crear atmósfera cuando se toma el vino blanco, si no los chicos corren el peligro de decir necedades.

25 DE JUNIO. Hace tres días que no he visto a Lucette; ahora es difícil encontrarnos. Ayer le escribí unas líneas y se las mandé por Liliana.

26 DE JUNIO. Playa.

27 DE JUNIO. Mamá me ha pedido por séptima vez, según parece, que arregle el interruptor de su cuarto. La he enviado a paseo:
—¡Tengo que hacer deberes!
—¡Pensar que tendré que hacer venir al electricista! ¡Dos hombres en la casa y no poder arreglar una tontería! Si un compañero tuyo te pidiese un favor, lo dejarías todo.

Tu madre te tiene completamente sin cuidado, pero en cambio, encuentras muy natural que esté a tu servicio. Si tengo la desgracia de no tener la comida a punto, bien sabes sacar el genio. ¡Evidentemente, tienes prisa, tienes mucho trabajo!

Me he marchado antes de que haya podido acabar estas lamentaciones, es el medio más seguro de no perder la serenidad.

28 DE JUNIO. (En clase de Ciencias.) Me he levantado con el pie izquierdo: mal humor, sin saber por qué. Sin embargo, se acercan las vacaciones. Unos días más... y ya están aquí.

Por más que he tratado de animarme, todo me parece triste. Quisiera irme solo, andar por las calles, pasarme horas enteras en el campo, a lo largo de la costa, no sé qué hacer.

Pasan las horas lenta y tristemente,
cual pálido río entre sus riberas verdes;
y camino enteramente solo, acariciado por el viento,
arrastrando la pesada ruta que se me ha dado.
¿Por qué tanto pesar? ¿Por qué tanta miseria?
Mi alma sufre...

POR LA NOCHE. He leído mis versos, que me parecen bien. Intentaré escribir un poema para Lucette, que le dirá mi amor, ¡mi eterno amor!

Acabo de llamar a la Tutuna para leerle mis versos; se ha quedado admirada y dice que debo cultivar esta condición. Tiene razón, siempre he pensado que soy un poco poeta. Es por eso por lo que mis padres no me comprenden: ¡debo ser diferente de los demás!

8 DE JULIO. Hace un tiempo pesado, tormentoso. En la playa el agua estaba buena, y me he bañado un buen rato. Mi «crawl» ha mejorado, y quizá podré pronto batir a Juan Claudio en unas carreras.

Al salir del agua estaba muy cansado. Me he puesto a descansar en la arena, al sol, para ponerme moreno. Al levantarme he sentido un mareo; he tenido que buscar un apoyo rápidamente, porque la cabeza me daba vueltas y tenía calambres en el estómago. Me he vestido aprisa para correr hacia la primera panadería abierta. Con el dinero que he pedido prestado a Juan Claudio me he comprado una barrita de pan y la he devorado toda entera.

9 DE JULIO. El programa de vacaciones está a punto: al principio del mes de agosto, Juan Claudio, Pascual, Bigleux, Delpierre, Pablito y yo recorreremos en bicicleta los castillos del Loire. Juan Claudio va a comprar una tienda. Los demás vamos a ocuparnos de preparar el resto del material. Debo equipar mi bici de un contador «Régulor». ¡Todavía más gastos! Espero, sin embargo, tener dinero suficiente para comprar mi cámara fotográfica. El viaje durará tres semanas.

Un solo aspecto negro: no lo he dicho todavía en casa. Me pregunto cómo puedo presentar la cosa.

10 DE JULIO. Lucette está apenada por mis vacaciones: «Tres semanas de separación es terrible», dice. Pocos días después de nuestro regreso habrá de irse a casa de su abuela a Rolleville. En total estaremos un mes y medio sin vernos. Quiere encontrar una dirección adonde poder escribirme; por su lado me ha dado toda una lista. Hablábamos de todo eso cuando he aquí que me ha parecido ver a papá. He dejado plantada a Lucette. De todos modos, si era papá, yo creo que no habrá visto nada.

11 DE JULIO. Lucette y yo hemos visto a Liliana. Ella lo sabe todo y no nos traicionará. Las cartas llegarán a su casa y a su nombre; una cruz en el dorso del sobre, a la derecha, significará: para Daniel.

13 DE JULIO. Por la tarde a la playa. He visto de lejos a Lucette, tenía unas ganas locas de acercarme a ella, pero

era demasiado peligroso: sé que hay vecinos que vienen por estos parajes.

Me tiendo lo más que puedo al sol y me pongo moreno de verdad, pero hay que andar con cuidado; dicen que esto no es sano.

14 DE JULIO. ¡Fiesta nacional! Los papás han salido. Querían llevarme a dar una vuelta por el barrio; no he aceptado porque tenía un plan con Juan Claudio.

Hemos bajado a la ciudad para ver las atracciones en el gran patio del cuartel de los bomberos: demostraciones de gimnasia, mímica burlesca apagando un fuego, etc... Había un gentío enorme. Me gusta esta atmósfera de gente feliz; parecen olvidar momentáneamente sus amarguras.

Hemos deambulado por el Paseo de la República antes de subir tranquilamente.

... ...

Me he acercado a la ventana: el cielo está completamente sereno y muchísimas estrellas brillan en lo alto. Se diría que son otros tantos ojos que me miran desde arriba. Imagino que estoy en un escenario y que millares de espectadores me miran con su mirada fija. Les sonrío en la noche.

He vuelto a encender la luz y he cerrado la ventana inmediatamente, porque entran los mosquitos.

Me he mirado en el espejo desnudo el busto. Ciertamente la piel se broncea: el límite de la cintura de mi «slip» se ve marcado.

16 DE JULIO. La tienda de Juan Claudio es espléndida: doble techo, estacas de duraluminio y muy ligeras, alfombra cosida para el suelo, cierre de cremallera y pequeña ventana mosquitera. Seis no cabremos, habrá que encontrar otra.

17 DE SEPTIEMBRE. ¡Dos meses de vacaciones sin haber escrito una sola línea! Acabo de leer casi todo mi cuaderno. ¡Qué cambio desde las primeras páginas! Entonces era un chiquillo, ahora reflexiono. Tenía que. analizar todos mis sentimientos al día, hay que confesar que al principio es algo que deja seco; después, poco a poco, mis experiencias me han madurado. El amor hacia Lucette ha acabado esta transformación. He pensado mucho durante las vacaciones, tiempo no me ha faltado, he llegado a devanarme los sesos...

Hasta la hora presente he malgastado mi vida, pero creo que ahora estoy en forma de conducirla mucho mejor. Convendrá que tome resoluciones y haga algunos esfuerzos concretos, y paso a paso avanzaré. Quiero llegar a ser un hombre, un carácter, una voluntad.

Examen sobre mis vacaciones:

Acabo de escribirlo: me he aburrido. ¡Suerte que tenía a Juan Claudio y a los amigos! Pero ya puede uno buscar, ¿qué hacer para distraerse?

— Podíamos ir a la playa, pero con el tiempo de perros que ha hecho este verano, no la hemos aprovechado demasiado.

— Algunos paseos en bici, partidas de futbolín, discos y una cantidad innumerable de horas transcurridas barzoneando por las calles, buscando algo para distraernos.

— El *camping:* un fracaso total. De tres semanas se redujo a tres días. Oposición de los papás, falta de bicicleta por parte de Pablito, escasez de dinero; en una palabra, tres días lloviendo sin parar, a cuarenta kilómetros de El Havre...

— *Lucette:* a pesar de su separación, mi amor por ella no ha hecho más que desarrollarse. Nuestro sistema de correo ha funcionado, pero por prudencia he destruido todas sus esquelitas, excepto la última. ¡Ésta no correrá el riesgo de extraviarse!

9 de septiembre.

«Mi querido Daniel:

»¡Dentro de treinta y cinco horas te veré! De acuerdo para la entrevista frente al café Héctor. ¡Yo no vivo más que para ese momento! ¡Un mes y medio tan lejos de ti! Te lo puedo asegurar una vez más: ni un solo día ha pasado sin que el recuerdo de nuestro amor me haya dejado. Vengo de pasearme por última vez por el campo, deshojando una margarita silvestre a tu intención: he acabado con "apasionadamente"... Ésta es mi última expresión. Hasta pronto, mi querido Daniel.

»Tu querida Lucette que te ama... apasionadamente.»

La he encontrado crecida y fuerte, más muchacha que nunca. Con ella vuelven los ánimos. Un nuevo curso por comenzar en el colegio; su presencia me hará olvidar los días largos y monótonos.

18 DE SEPTIEMBRE. He decidido escribir más regularmente en mi diario, porque me hace reflexionar y me ayuda a controlar mi evolución.

Hace un rato, playa con Juan Claudio. El mar estaba espléndido. En la lejanía se distinguía perfectamente Honfleur, Trouville, Deauville.

Haciendo la plancha, me he dejado mecer dulcemente mirando el cielo; las gaviotas pasaban muy alto como blancos destellos en pleno sol. Luego, sentado en la arena, he proseguido mis divagaciones, mientras Juan Claudio jugaba al balón.

Me hubiera gustado estar solo para escuchar el ruido del mar hablándome de muchas cosas bellas...

20 DE SEPTIEMBRE. He visto a Bernardo; al final ha encontrado trabajo. No es lo que él esperaba; él, que quería ser mecánico en un garaje, tendrá que contentarse con hacer los recados en una tienda al por mayor. No tenía más remedio que agarrarse a lo que se presentase... José hubiera querido ver que continuaba en el Colegio técnico;

está capacitado, pero sus·padres necesitaban el fruto de su trabajo.

21 DE SEPTIEMBRE. Jornada maravillosa: toda la tarde me he paseado con Lucette. La he llevado al faro; estábamos casi seguros de no encontrar a nadie, nos hemos sentado frente al mar. Esta vez la tranquilidad; su mano en la mía, hemos permanecido largo rato inmóviles, silenciosos. Yo creo que nos hemos comprendido mejor que con palabras. *Nos queremos.*

Después hemos andado lentamente por la cresta del acantilado, explorando las casamatas, restos del famoso muro del Atlántico. Encima de una de ellas he distinguido una chimenea humeante. Nos hemos acercado: la casamata estaba habitada.

Hace ya más de un año que estamos viviendo aquí — nos ha dicho la mujer —; mi marido está en paro forzoso, yo he recogido a mi madre que se accidentó en el barrío del Eure [9]. Además, no somos nosotros solos los que habitamos las casamatas. Vean.

Con el dedo señalaba otros montículos. Por todas partes unas chimeneas, signo de vida. Yo estaba estupefacto. No sabía que había gente que habitase estas casamatas.

Lucette me ha dicho riendo: «¡Estaríamos bien si viviésemos los dos allí dentro!» Ella me hacía andar indiferente. De regreso estaba todavía impresionado.

... ...

¡Es terrible: familias enteras viven en casamatas! Lo he pensado toda la tarde. ¡Y yo que me quejo de no tener una habitación para mí solo!

4 DE OCTUBRE. En el recreo, cinco o seis tipos en un rincón, en círculo alrededor de Malcoux, le escuchaban

---

9. No confundirlo con el departamento. Se trata de un barrio de El Havre situado muy cerca del puerto que tiene su nombre del arroyo que lo atravesaba antes y que se llamaba Leure.

contar sus últimas aventuras. Me he acercado a ellos y a pesar de que me incomodaba más y más, he tenido que reir porque sabía que cada vez los demás esperaban esta risa. Yo estaba furioso contra mí mismo. Si no hubiera sido un rajado, hubiese dicho alguna cosa o me hubiese marchado... Afortunadamente, Pascual no estaba allí; yo sé que eso no es de su gusto. Con todo, él no es un santurrón: bromista, animador, chistoso, todo el mundo lo aprecia; sin embargo, jamás es grosero, no por ignorancia, sino por convicción. Quisiera parecerme a él, pero me falta voluntad.

7 DE OCTUBRE. Una tarde de la que me acordaré: al mediodía mamá estaba furiosa cuando ha abierto la caja de pañuelos que ella acababa de comprar. La pretendida docena no se componía más que de diez... al momento he protestado y gritado que era un robo, y diciendo que los comerciantes eran cada día más desaprensivos y merecen que se les diga lo que son. Mamá estaba de acuerdo: «Yo no me quedo con estos pañuelos, yo los devuelvo...»

De pronto ha caído en la cuenta de que era jueves y que yo no iba al instituto por la tarde.

—Daniel, ¿tú vas a bajar a la ciudad dentro de poco? Me harías un favor si pasaras por allá. Así me evitarías una salida. Se lo dices: o bien ellos me dan los dos pañuelos, o haces que te devuelvan el dinero.

Estaba cogido; confieso que no había previsto la consecuencia. Salir, bien lo quería, pero no tenía ganas de hacer ninguna reclamación. Con el compromiso, me era imposible decir que no. Me presté, pues, a ello.

A pesar de que me había representado cincuenta veces la escena, repetido las palabras que diría, llegado delante de la tienda, lo poco que me quedaba de indignación había desaparecido definitivamente, y entré con timidez:

—Perdone, señorita, ¿no ha habido acaso un error? Esta mañana mi madre ha venido a comprar una docena de pañuelos y no hay más que diez.

—Pero, joven, ¿dónde ha visto usted que se tratase de una docena? Vea, no está escrito en la caja.

Yo me he puesto encarnado. «¡Ah!, perdón, dispense usted, yo creía...» Y he salido rápido sin levantar la vista.

Al llegar a casa he tirado la caja sobre la mesa: «Nada que hacer. He discutido durante más de un cuarto de hora y ella no ha cedido. Son cajas de diez, parece.»

Mamá me ha dado las gracias diciendo que era asqueroso, que no se podía tener confianza en nadie.

...Y yo cada vez tengo menos confianza en mí. Es espantoso lo tímido que soy. Hace poco estaba literalmente paralizado, sentía el rubor que me subía a las mejillas. Si hubiese extendido un poco el brazo, hubieran visto que temblaba. ¡Esto, sin embargo, es idiota! Y cuando estoy así no hay nada que hacer para dominarme. A toda costa debo ser más fuerte.

Daniel es tímido, es un hecho. En esto se parece una vez más a la mayor parte de los muchachos de su edad. Los psicólogos dicen que son tímidos los muchachos porque son inadaptados. ¿Qué decir a esto?

De la misma manera que el joven aprendiz ignora el manejo de su herramienta, el adolescente posee unas nuevas fuerzas de las que no sabe servirse todavía. A menudo resulta torpe con su cuerpo que ha crecido rápido: ¿qué hacer de sus manos, baldías, al extremo de sus brazos inmensos? ¿Cómo parar la sangre vital que sube y enrojece su rostro? ¿Qué entonación dar a su voz que pasa del grave al agudo a la mitad de una frase? Su inteligencia le abre nuevos horizontes, pero él no está todavía seguro de «sus ideas», y por miedo al ridículo teme expresarlas delante de las personas mayores; por otra parte, aun las palabras se confunden unas a otras con frecuencia, él tiene miedo a «hacerse un taco». Él sabe que es «encogido», desmañado, que se ruboriza, y cuanto más piensa en ello, más miedo siente y más se inhibe. Esta timidez es tanto más humillante cuanto que él siente la necesidad de atraerse las miradas, llamar la atención, imponerse.

No hay que desesperarse; Daniel se perjudicó sin saberlo al lamentarse eternamente acerca de su estado. Pro-

gresivamente el adolescente, que no posee ya la despreocupación del niño, adquirirá la seguridad del adulto. Debe forzarse o no inquietarse por lo que acaecerá a los demás y obrar simplemente intentando ser él mismo, sin orgullo, pero sin falsa vergüenza. Liberado del deseo de parecer, será fácilmente el que es, y nadie hallará motivo para reírse.

8 DE OCTUBRE. Desde hacía largo tiempo no había hablado con José. Ha sido él quien me ha parado:

—Nos vemos muy poco, amigo Daniel. Te veo pasar de vez en cuando, pero das siempre la impresión de ir con prisa. ¿Qué es de tu vida?

—¡Estoy negro!

—Ven, pues, conmigo el domingo; iremos al cine.

¡Caramba!, seguramente que va a pagármelo; las dos veces que he ido con él yo no he desembolsado un céntimo.

En casa me dejarán ir, puesto que voy con José.

9 DE OCTUBRE. Lucette ha llorado, estoy seguro; tenía los ojos encarnados. He tratado de saber por qué; ella no ha querido decir nada. Debe haber habido seguramente un nuevo drama en su casa.

11 DE OCTUBRE. ¡Cochino polizonte! En la calle Ancelota me ha parado.

—Es dirección prohibida: ¿la matrícula de la bicicleta? Afortunadamente la tenía.

—¿El carnet de identidad?

—No tengo.

—¿Qué edad?

—¡Dieciséis años!

—¡Pues hay que tenerlo!

Si él lo supiera..., no es la primera vez que me lo piden.

En casa he dramatizado el caso con toda intención, porque quiero un carnet de identidad, no por el carnet, sino por la foto. Enviaré una a Lucette.

—Y bien, irás mañana al Monoprix —me ha dicho mamá.

—¡Eso no! Para tener una cara como de deportado de Buchenwald... Yo quiero una cosa que esté bien, en casa de un fotógrafo.

—¿Y para pagar cuánto? Hijo mío, tú tiras el dinero por la ventana.

Papá, detrás de su diario, ha visto sin duda venir la tempestad:

—Déjale, si esto le da gusto...

Mi querida Lucette tendrá su foto.

13 DE OCTUBRE. Pascual y Remigio iban a su reunión; los he acompañado hasta la puerta.

—¿Subes tú?

Yo dudaba, y el recuerdo de los cigarrillos me ha decidido, hacía un rato que no había fumado. No me arrepiento. Apenas llegado, el Páter me ha ofrecido un cigarrillo. Al salir no había acabado todavía el mío y él me ha ofrecido otro: «¡Para luego...!» Me he marchado muy pronto, porque llegaban algunos muchachos del colegio, entre los cuales he reconocido a Cristián, de primero; no deseaba que me viesen allí.

16 DE OCTUBRE. Las fotos están bien, dos sobre todo: aquellas en que estoy de perfil. De frente no tengo la cara que yo quería. Me hubiera gustado tener una cara bonita, casi cuadrada, con la mandíbula acusada, voluntarioso; los cabellos muy negros y los ojos profundos, penetrantes, una cara de jefe, seductora por su firmeza, pero también simpática cuando la ilumina una sonrisa. Me he mirado largo rato en el espejo: hay gran distancia de lo soñado a lo real... Sería conveniente que cambiase un poco el peinado, mis cabellos son demasiado largos.

17 DE OCTUBRE. Yo no sé por qué milagro, sin explicación alguna, mi dinerillo de los domingos se ha visto aumentado: ahora son ciento cincuenta francos.

No tengo, sin embargo, bastante para mi cámara fotográfica, pero ahora voy a poder economizar más. Todavía si me decido a ir al cine me quedará alguna cosa. Por otra parte, esta tarde nada de salir, porque debo hacer mi deber de francés. «¿Qué sentimientos experimentarías delante de unas ruinas?» ¡Bonito tema! A mí no me gusta decir lo que pienso, menos aún lo que siento. Voy a hacerme el tonto para no tener que revelar mi interior.

... ...

Me consumo lamentablemente; tengo unas ganas locas de salir a dar una vuelta, pero me aguantaré...

... ...

¡Bah, eso no tiene arreglo, yo salgo!

... ...

He vuelto tarde: nos hemos sentado inmediatamente a la mesa. Después de la cena he escuchado la radio. Ahora he de trabajar: ¡estoy al comienzo de mi deber!

A LA UNA DE LA MADRUGADA. Acabo de terminar. ¡Menos mal que mamá no ha visto la luz por debajo de la puerta! En una ocasión he creído que ella se levantaba para ir a la cocina; a veces, de noche toma algún comprimido cuando no puede dormir.

Una mirada desde la ventana antes de dormirme. Todo está en silencio. Un perro ladra en la lejanía, es algo lúgubre.

19 DE OCTUBRE. Una tarde sombría; otra vez. ¿Por qué? No lo sé. Siento que si estuviese solo en este momento lloraría.

He salido del colegio corriendo a causa de una entrevista con Lucette. Tan pronto como la he visto mi tristeza ha desaparecido; su sola presencia me vuelve dichoso y me devuelve la sonrisa a los labios.

Creo que, cogidos de la mano, andaríamos varios días sin cansarnos. A medida que me acerco a casa quisiera prolongar el camino, para que durasen estos instantes de felicidad.

Voy a componer una poesía para Lucette. Las primeras letras de cada verso escribirán su nombre.

La noche me invade como una tempestad creciente;
Una sirena a lo lejos gime mi desespero:
¡Con no tener de ti ni aun tu imagen,
En mi corazón amoroso aspiro a verte!
Tú eres mi única estrella en este mundo,
Tú mi única estrella en este mundo de tedio.
¡Estando sin ti, querida mía, huye de mí la vida!

21 DE OCTUBRE. Estoy satisfecho de mi poesía. La copiaré cuidadosamente para ofrecérsela a Lucette.

Es verdad que sólo ella puede darme la dicha.

... ...

Hace un momento he encontrado a José. Hemos hablado de su trabajo, de sus compañeros y de sus reuniones. Está muy interesado en ayudar a sus amigos. En sus quehaceres se espabila para obtener ciertas mejoras.

A medida que me lo explicaba se animaba progresivamente, hacía grandes ademanes; sus ojos brillaban de placer y de entusiasmo. Escuchándole me sentía cohibido, con el pie escarbaba la tierra, evitando dirigirle la mirada. Su conducta era para mí un reproche: yo allí, un inútil... De pronto he levantado la cabeza y casi he gritado a José: «¿Y yo qué hago, amigo mío, qué diantre hago? ¿Quieres decirme para qué valgo?» Y me he marchado.

Él se ha quedado con los brazos abiertos, no comprendiendo nada probablemente. Él no habrá comprendido que yo me sentía fastidiado terriblemente, que mi vida me pesaba cada vez más, que le faltaba una meta, un ideal.

Una vez más en la mesa esta noche no he hablado una palabra. Mis padres me repiten a menudo: «¿Qué serás con el tiempo?» Yo también comienzo a inquietarme. Con esta desgana continua, con mi poca voluntad, con todas mis bromas, soy incapaz de elaborarme una vida que sea digna. En cambio, muchachos como José luchan por algo, y tipos como Remigio hacen igual.

... ...

Acabo de llorar tontamente un buen rato. Lloro sin saber a ciencia cierta por qué. Y no poder dominar mi tristeza me exaspera todavía más. Me siento a veces abatido durante algunas horas y sin reaccionar, como en plena noche.

Avanzo dándome de coscorrones a diestra y siniestra, sin ver los obstáculos y sin saber adónde voy. Nadie puede adivinar lo que sufro; sin embargo, quisiera explicarlo a alguien, pero no sabría hacerlo ni nadie podría comprenderme. Si Dios me ayudase me haría un gran bien.

¡Pobre Daniel! Su error está en encerrarse en la soledad y el silencio. ¿Por qué no haber hablado a José, por ejemplo? Éste no le habría liberado ciertamente de sus penosos momentos de tristeza, pero con sus frases características habría intentado simplemente explicarle el sentido de esta tristeza.

Daniel es un adolescente y como todos los muchachos de su edad sufre por no ser ya un chiquillo sin ser todavía un hombre. Se siente rechazado por el niño y todavía no acogido por el adulto. Dependiendo de las transformaciones de su cuerpo y de su psicología, pasa por estados de depresión que él no puede explicarse. Es la «morriña» que se marcha igual que ha venido, sin causa aparente. Si la flor pudiese comprender y sentir, sufriría por ver marchitarse y perderse sus pétalos; no obstante, conviene que ella muera para que nazca el fruto. Así también el niño debe eclipsarse para que aparezca el adulto. Pero la transformación es penosa porque, misteriosamente, se verifica en la noche.

Hay que aceptar estos sufrimientos, pero superarlos. Daniel, que por culpa suya no fue aconsejado, se dejó abatir con demasiada frecuencia por la morriña. Hasta llegó a creer que a veces se complacía en su tristeza, jugando un poco el papel del melancólico para darse a sí mismo la impresión de profundidad.

22 DE OCTUBRE. (En clase de inglés.) Acabo de fallar al preguntarme Léambre. Mientras él hacía pasar a los compañeros, yo he tenido tiempo de escribir algunas líneas en mi libreta.

He releído lo que escribí ayer por la noche; todo es verdad, y quisiera escapar a esta penosa realidad...

... ...

Acabo de fantasear que daba la vuelta al mundo en scooter. Arrastrado por mi imaginación, me veía en la contienda con mil dificultades y al triunfar heroicamente, era aclamado con frenesí a la llegada a las grandes ciudades, recibido en las embajadas de Francia, con ramos de flores, condecorado, haciendo brindis durante las recepciones dadas en mi honor. Juan Claudio me acompañaba, pero yo era el jefe...

Llegados a París, después de la entrada en los Campos Elíseos, el ministro de Juventud y Deportes nos ha recibido oficialmente en la Casa Consistorial. Los parientes habían venido de El Havre para recibirnos; estaban orgullosos. Avanzábamos en medio de los flash del magnesio y la Tutuna nos libraba de los ramos de flores que recibíamos. ¡Era algo magnífico!

Me he dejado llevar de este ensueño y de repente me he dado cuenta de que sonreía a los aplausos de mis admiradores, con ligeras inclinaciones de cabeza. Otra vez volveré a esta fantasía.

POR LA NOCHE. Hemos entrado en El Havre, donde la población había organizado una recepción. Una muchedumbre inmensa aguardaba en el andén de la estación y Paseo de la República. Al llegar el tren, la Banda Municipal ha entonado «Mi Normandía», mientras unas muchachas nos ofrecían ramos de flores y un concejal nos entregaba las llaves de la ciudad. Reporteros encaramados sobre el techo de sus coches-radio comentaban la manifestación para los innumerables radioescuchas. En medio de aclamaciones hemos montado en coche descubierto. La banda de música nos precedía mientras subíamos por el Paseo de la República y las gentes se apretujaban en las aceras, aplaudiendo y echándose encima para estrecharnos la mano. La policía tenía que apartarlos a fin de franquear el paso. La manifestación se disolvía en el Rond-Point.

Allí nos esperaba una sorpresa: las casas estaban engalanadas, especialmente la carnicería de Juan Claudio. Los vecinos se habían reunido para escuchar un pequeño saludo leído por una muchacha. Lucette me ofrecía un ramillete espléndido; yo la besaba ante los aplausos de todos.

23 DE OCTUBRE. Lucette me esperaba delante de la casa de Héctor, pero nos hemos separado dándonos cita en Harfleur [10], para evitar que nos vean juntos.

De allí al cine, sin reparar en la película: una historia de cow-boy, siempre en el mismo estilo. Durante la sesión Lucette ha permanecido con la cabeza apoyada sobre mi hombro y yo no me atrevía a moverme por miedo de que ella se apartase. Sin embargo, ha habido un momento en que he sentido un calambre espantoso, pero he sabido contenerme. Acariciaba suavemente su mano, jugando con sus pequeños dedos.

Antes de volver a casa nos hemos paseado por las calles. Hubiera querido decirle una cantidad de cosas: cuánto la amaba, cuánto contaba con ella, con su amor para ayudarme a vivir.

Hubiera querido explicarle mi decepción ante la vida y decirle que solamente ella podía sacarme de la monoto-

---

10. Suburbio de El Havre.

nía, pero, por el contrario, no nos hemos dicho más que trivialidades. Yo buscaba un medio de llevar la conversación acerca de nosotros y no lo he logrado.

Al momento de separarme yo estaba a punto de hablar. He sentido el amor que me invadía, pero con una falsa sonrisa la he saludado bruscamente con un apretón de manos y me he marchado. No había andado aún veinte metros cuando ya me arrepentía, pero no me he vuelto; no podía más.

Una tarde que yo esperaba desde hacía tiempo, que había pensado, que había preparado diciéndome: «Nosotros no tenemos nunca tiempo de hablarnos, nos vemos siempre con prisas, pero si tuviésemos algunas horas por delante podríamos expresarnos nuestro amor.» Yo había preparado unas palabras: diez veces, veinte veces me había repetido la larga conversación que tendría con ella y me hallo esta noche en el mismo punto, solo con mi amor que no ha sabido explicarse.

¡De nuevo aspiro a otra entrevista, esperando siempre que será mejor y adivinando de antemano que me dejará una vez más insatisfecho!

26 DE OCTUBRE. En clase de alemán, Estanislao ha corregido a Zézette. Es extraordinario ese muchacho. Desde la vuelta al curso me ha intrigado. Sé que es yugoslavo, pero no tengo más detalles, ya que él habla muy poco. Su silencio y aire misterioso me atraen, así como su cara casi impasible, detrás de la cual se adivina, no obstante, una personalidad profunda. Sus ojos, muy dulces, un poco tristes, le dan ese aire de animal acorralado, salvaje, audaz y desconfiado.

Se expresa muy correctamente en alemán, en ruso, y habla con toda perfección el yugoslavo y el francés.

Estoy ansioso de saber por qué está aquí.

... ...

Con la música de fondo de la radio, solo en la cocina, leía «Escala en Guinea».

Mamá ha regresado. Yo me he levantado, he apagado la radio y me he vuelto a mi habitación.

Sentir una presencia a mi lado es cosa que me enerva. Yo amo la soledad. Cuando tengo la suerte de no tener a Juan Pedro que me molesta en la habitación me extiendo sobre la cama con un libro entre las manos. O bien el libro me interesa y lo devoro casi entero, o bien si es un tostón lo dejo caer y me pongo a divagar.

«Me pongo a divagar...» Daniel dice también a veces «me pongo a pensar», tú te darás cuenta de que él lo dice cada vez más.

Dos años más tarde Daniel será severo con sus divagaciones: «Yo he perdido mucho el tiempo, dirá él; soñar es dimitir frente a la realidad.» Su juicio es justo, pero convendría añadirle algunos matices.

Todo depende de la divagación y de la voluntad del muchacho para dominarla. Muchas de ellas ciertamente no son más que ocasiones de vanidad y de orgullo, algunas se pierden todavía por los caminos de la sensualidad. Son malas. Pero otras hay que pueden estimular a veces, ayudar a realizar la tarea que uno se ha fijado, forzar a realizar el hombre que uno sueña llegar a ser.

El que tiene el ánimo de seleccionar esas divagaciones, separando resueltamente las inútiles y las peligrosas, el que puede dominarlas hasta el punto de ser capaz de romper netamente con un sueño para someterse al esfuerzo oscuro de la vulgar vida cotidiana, ése puede divagar sin peligro.

27 DE OCTUBRE. He visto al páter demasiado tarde; estaba con Lucette cuando él ha surgido de la calle Anatole France; no pudiéndolo evitar ya, me convenía adoptar la mayor naturalidad posible, pero me he dado cuenta de que me ponía colorado.

—Buenos días, amigo Daniel; buenos días, jovencita.

Nos ha estrechado la mano a los dos sonriendo, contento al parecer de verme de nuevo. Yo respiraba de alivio.

—¿Tú conoces a Remigio en el colegio?

—Sí, mucho.

—Tengo un encargo para él, ¿quieres dárselo...? De regreso, pasad los dos por mi despacho. Si yo no estoy allí, lo encontrarás encima de la mesa: es un sobre amarillo sin cerrar que dice «Remigio».

Apenas hube respondido, me dio un golpecito en la espalda, y extendiendo la mano hacia Lucette, me dijo: «¡Formáis una buena pareja! ¡Gracias!»

... ...

No había, pues, de qué tener miedo. No ha reaccionado; ninguna señal de extrañeza por su parte; podría creerme que nos conoce a los dos desde hace tiempo. Con su manera de mirarme me ha dado toda la impresión de que somos amigos, y me parece que no habrá necesidad de mucho para que pueda hablarle de mis problemas.

29 DE OCTUBRE. He subido con Estani. Yo estaba contento de la oportunidad, pero él no ha dicho casi nada; la verdad es que habla muy poco.

Vacaciones de Todos los Santos. Voy a aprovecharlas para descansar, tengo necesidad después del esfuerzo del primer mes. En casa tendré que arreglar mi estantería y cambiar toda la disposición de mi habitación; trataré de hacer salir a Juan Pedro para estar tranquilo.

Juan Claudio y yo hemos decidido desmontar el aparato de galena, que no siempre anda bien. Las piezas servirán para otra cosa. Tengo también que leer los dos libros que Bigleux me ha dejado. El lunes por la tarde salidas en bici con Juan Claudio y los amigos.

30 DE OCTUBRE. Dolor de cabeza durante todo el día, lo que me ha impedido hacer nada; por esto mamá me inquieta sin parar. Hace un momento tenía la frente apoyada contra los cristales de la ventana para ver si me aliviaba un poco con el fresco.

—Todavía tienes dolor de cabeza, ¿no? Esto no es normal; convendría que te viese el médico.

Cada vez que tengo dolor de cabeza he de oírme la misma canción; es terrible, uno no tiene ni el derecho de estar enfermo...

El miércoles la Tutuna cumplirá quince años; he de acordarme. Miraré de regalarle alguna cosa.

TODOS LOS SANTOS. ¡La lata de cada año: la visita a los difuntos! Sin embargo, esta mañana el vicario ha dicho que Todos los Santos era un día de fiesta y de alegría en recuerdo de todos aquellos que se han ido y viven allá arriba eternamente. ¡Hacemos de este día un día triste, el de los difuntos! ¡Es ridículo!

No es la única cosa ridícula en la religión petrificada de esos viejos fósiles que asisten a la misa con frecuencia. Me parece que si yo fuese cristiano en serio, querría algo más vivo y más alegre. Si la religión no unifica, es mala.

Una vez más Daniel juzga categóricamente. Los ejemplos de cristianos que tiene a su vista excusan en parte sus reacciones.

Su padre, sin ser francamente hostil, es totalmente indiferente. Su madre se apega, parece, más a las ceremonias externas que a la vida profunda. Las vecinas proclaman de buen grado que pertenecen «a la religión», pero aparte este título, Daniel no ve en ellas más que algunas prácticas que él condena sin remisión como si fuesen supersticiones. ¿Es que encuentra ejemplos de verdadera vida cristiana?

El cristianismo no consiste, por supuesto, en el cumplimiento de una serie de ritos religiosos y en el respeto a una lista de leyes morales. Daniel lo presiente ya. Es antes que otra cosa una vida que ha de arrebatar y orientar toda la vida. Pero ¿quién puede juzgar del grado de fe que se esconde detrás de tal o cual fórmula de personas muy sencillas? Por otra parte, más tarde él mismo reconocerá que es fácil criticar a los demás para disimularse a sí mismo sus faltas con vista al esfuerzo por desarrollar.

2 DE NOVIEMBRE. No he hecho casi nada de lo previsto durante mis vacaciones. Hemos ido simplemente a pasearnos en bici Juan Claudio y yo. Los demás no han venido.

Con mi dolor de cabeza he ido de un lado para otro durante todo el día. Cuando esto comienza tengo para dos o tres días.

3 DE NOVIEMBRE. ¡Naturalmente, me he olvidado del cumpleaños de la Tutuna! Papá y mamá la han felicitado; yo estaba allí como un fardo, no teniendo nada que regalarle. El mismo Juan Pedro le ha entregado una bolsita de bombones.

POR LA NOCHE. Solo, durante toda la tarde, me he paseado a lo largo de la orilla del mar y yendo más allá del boulevard, he bordeado el acantilado. No quería ver nada más del puerto y de la ciudad, nada que pudiese recordarme los hombres. Sentado sobre los guijarros, he divagado mirando el mar; estaba tranquilo, casi sin oleaje, impresionante por su extensión que recubre inmensidades. Se hinchaba lentamente, avanzaba, retrocedía, avanzaba de nuevo. No era más que un chapoteo suave cuando venía a morir a mis pies y luego el ruido de los guijarros que rodaban cuando él se retiraba.

Me gusta vivir momentos como ése. Me parece que todo es un desorden, alboroto, ruido en la vida y que el ruido conquista mi corazón. Por el contrario, cuando estoy allí, la quietud sube en mí como la marea y todo lo que yo oculto de caótico y sucio puede desaparecer. Pero entonces me siento triste porque quisiera vivir otra vida; diríase que busco algo o a alguien, pero sin saber qué. Yo espero una vida más bella, pero ¿cuál? ¡Y siempre este sentimiento de inutilidad, de tiempo perdido!

Cómo pesa no ver claro...

4 DE NOVIEMBRE (en física). ¿Por qué trabajar? Me lo pregunto porque no sé adónde voy. Envidio a aquellos

que tienen una meta. Me sentiría con más ánimos para este trabajo si supiese para lo que sirve.

Hay que aguardar todavía dos horas para la salida... Quisiera hallarme en otra parte, pero ¿dónde?

¿Los muchachos de la clase se hacen las mismas preguntas que yo me hago? Cuando veo a Pascual, Juan Claudio, Bigleux o a otros, tengo, por el contrario, la impresión de que ignoran estos cuidados, y sobre todo que *ellos no se aburren*. Yo paso mi tiempo intentando no aburrirrme y no lo logro.

POR LA NOCHE. Afortunadamente, he visto a Lucette. De nuevo no he sabido conversar con ella, a pesar de todo lo que he estado reflexionando y de toda esta nostalgia de mi corazón. No sé tampoco si ella sabría comprender. Me he contentado con estrecharle la mano muy apretadamente, con acariciársela. Por lo menos Lucette existe, ella es mía, puedo tomarla en mis brazos.

5 DE NOVIEMBRE. Regresaba con Estanislao, hemos encontrado a Cristián. Ha sido una suerte, ya que una vez más mi pequeño yugoslavo permanecía casi mudo. Sin embargo, él ha de tener, estoy seguro, muchas cosas que contar. Cristián ha hecho el gasto de la conversación a propósito del follón de los de primero.

9 DE NOVIEMBRE. La vida es estúpida y no vale la pena de ser vivida.

10 DE NOVIEMBRE. Me he encontrado con el páter. Yo iba solo porque tenía necesidad de estar solo. Deambulaba sin un rumbo fijo.

—¿Adónde vas, Daniel?

—¡A ninguna parte!

—Entonces, ¿me acompañas? ¿Me acompañas un rato?

Contento en el fondo, le he seguido, no sabiendo muy bien qué decirle, pero respondiendo a sus preguntas sobre el colegio, mi familia... Parecía interesarse por el más pequeño detalle, encontrando muy gracioso, por ejemplo, que a Michelle se le llame «La Tutuna». Nos hemos parado un rato delante de su casa, luego hemos subido, continuando la conversación.

—¿Conoces a Remigio y a Pascual? Los dos tratan de crear una buena atmósfera en su clase, otros en las clases superiores intentan hacer lo mismo, y algunos con los más jóvenes. Pero es algo dificultoso, los muchachos son difíciles de mover, ¿no te parece?

Yo le expreso mi opinión: le digo que, a mi entender, ellos no están bastante unidos; son incapaces, por ejemplo, de organizar un jaleo que resulte.

—¿Y los muchachos fuera del colegio qué hacen? ¿Tú sales con ellos alguna vez?

Me hace hablar del Atlético, del cine, de los paseos que hemos organizado. A cada momento me pregunta mi opinión:

—¿Tú crees que eso está bien así? ¿Qué convendría hacer para que estuviese mejor? ¿Y tú qué cara pones allí dentro?

De pronto se levantó:

—¡Caramba!, se me está haciendo tarde. Hace tres cuartos de hora que hablamos. Excúsame, tengo que marcharme. Vuelve otra vez; todo eso que me cuentas me interesa.

Con prisas recogió dos o tres libros, una carpeta y lo metió todo dentro de su cartera.

—Pon discos, si te gusta; tienes cigarrillos.

Tenía prisa y, no obstante, cuando me estrechó la mano se demoró ostensiblemente, me miró a los ojos y luego con un movimiento de cabeza:

—¡Estaría muy bien, Daniel, que fueras un tipo interesante!

¡Y me dejó solo allí en su casa!

No cogí los discos ni siquiera encendí un cigarrillo. Unos momentos después bajaba la escalera casi corriendo, dichoso de haber hablado con facilidad, de haber dicho lo que pensaba. Me pareció que a un mismo tiempo su voz, su mirada o su presencia, yo no sé qué, me habían curado de mi parálisis.

… … … … … … … … … … … … … … … … … …

Durante la comida, mamá me ha dicho:
—Hoy tienes un semblante muy natural, Daniel.
Esto me molesta, porque no me gusta que ella se ocupe de mí.

Es curioso lo feliz que soy por haber podido hablar, expresar mis impresiones, mi opinión, por haber tenido a alguien que me escuchase, que me tomase en serio, por no ser ya un chiquillo delante de una persona mayor, sino un hombre con quien uno discute de igual a igual.

… … … … … … … … … … … … … … … … … …

Tengo ganas de ser un tipo interesante...

12 DE NOVIEMBRE. (En clase de inglés.) Nadie escucha a Léambre; sólo él parece interesarse por lo que él mismo dice. Por nuestra parte, organizamos la tarde del domingo: circulan unos papeles en los que los amantes del circo pueden inscribirse. Gozamos de un descuento si llegamos a diez. Naturalmente, estoy de la parte de Juan Claudio. Programa sensacional: los trapecistas especialmente hacen «el salto de la muerte»; con todas las luces apagadas, se localizan en la noche únicamente por los puños y los tobillos que llevan envueltos en una cinta fosforescente.

POR LA NOCHE. Acabo de encerrarme en mi cuarto sin haber terminado de cenar. ¡No puedo más! Como era de esperar, no puedo ir al circo mañana por la noche: «Iría a acostarme demasiado tarde, y a la mañana siguiente me he de levantar para ir al colegio; por consiguiente, he de guardar mis fuerzas para una nueva semana... y además el circo es siempre lo mismo, no hay nada nuevo, es gastar el dinero inútilmente... Puedo muy bien el domingo quedarme al lado de mis padres, en familia, porque pocas veces solemos estar juntos...»

Sin embargo, es muy bonito quedarse con los padres cuando uno no tiene nada que decirles ni ellos a ti... ¿Por cuánto tiempo tendré que ser todavía el niño de la casa, muy discreto entre papá y mamá, ocupándose del hermanito pequeño y distrayendo a la hermanita...?

En verdad, los padres son algo que sabe a atraso. En su tiempo estaba bien. No comprenden, pues, que la juventud actual tenga necesidad de otra cosa.

Habré de buscar una excusa delante de los compañeros, que me tildarán inevitablemente de aguafiestas. Sin embargo, no puedo decirles que mis padres no han querido que salga por la noche.

... ...

...¡Es tarde! He leído por lo menos una hora y soñado otro tanto. Voy a intentar dormir, es la manera más segura de olvidar todas estas tonterías.

13 DE NOVIEMBRE. Esta mañana he dado una vuelta en vez de ir a misa. ¿Por qué se debe cumplir con un acto en el cual no hay nada de vida? A mí la misa no me dice nada, no es una forma de orar, y cuando ronco estoy contento de poder vengarme a mi manera.

No he dicho nada de cómo se ha pasado el día, ni una palabra, y *durante algunos días me aguantaré* [11]. Así verán que estoy enfadado. ¡Y eso no es más que una advertencia! Esta noche trabajaré hasta muy tarde, tan tarde como si hubiera ido al circo.

A LAS 12 Y MEDIA. La promesa se mantiene. Creo que mamá habrá visto la luz por debajo de la puerta. Juan Pedro al principio protestaba, no podía dormirse, tanto más cuanto yo recitaba las lecciones en voz muy alta. A las nueve tenía sueño, ahora ya no tengo ganas de dormir.

---

11. Es Daniel quien ha subrayado.

He leído al azar algunas páginas de este cuaderno. ¡Cuántas veces he anotado las disputas con mis padres! No me libraré jamás de esto. Si tuviese valor me marcharía de casa. Es la única solución. Otros la han tomado antes que yo. ¿Por qué yo no?

14 DE NOVIEMBRE. (En clase de alemán.) Ayer en el circo no había más que tres muchachos: Juan Claudio, Bigleux, Sergio. Los demás se excusaron, dando todos buenas disculpas. Bigleux no ha querido saber nada. «¡Da asco — ha dicho —; cuando uno promete, ha de cumplir!» Lo que me molesta de él es que ha dicho: «De otros lo esperaba, pero no de Daniel; de ordinario, es un botarate que puede pasar...» Y yo no he sabido responder.

... ...

Lucette apenas escuchaba lo que le decía. Como yo mostrase extrañeza, me ha respondido nerviosa: «¡Yo estoy como siempre!» Debe estar molesta, pero por esta vez no he descubierto la razón. ¡Pobre muchacha! Acaso una vez más haya tenido un drama en su casa. A una naturaleza tan delicada, tan sensible, una cosilla de nada la anonada. Le escribiré cuatro líneas para darle ánimos.

15 DE NOVIEMBRE. Ha hecho un constante día de perros; llueve todavía. He tenido que subir yo solo, ya que estuve esperando vanamente a Lucette, a quien algo debió retener. Me sentía triste, triste porque ella no estaba allí, triste también a causa del tiempo. La noche caía sobre la cuesta Lechiblier, los peldaños chorreaban, unas hojas muertas yacían por tierra y los raquíticos faroles alumbraban débilmente con su luz pálida. Me he cruzado con varias mujeres que bajaban; esta luz les daba una cara de muerto. ¿Dónde están las bonitas caras bronceadas del mes de junio y el sol resplandeciente? En este momento todo es triste; no hay cosa más apropiada para hacernos caer en la melancolía.

... ...

¡Espero que Lucette no estará enferma!

POR LA NOCHE. No he hablado todavía nada en casa; presumo que mamá comienza a molestarse.

18 DE NOVIEMBRE. He dejado en seguida a Juan Claudio para poder alcanzar a Lucette. Habiéndola visto de lejos, me ha sido preciso correr muy aprisa para poderla alcanzar. He llegado junto a ella sin aliento, pero alegre. Apenas me ha sonreído... Hemos andado juntos quinientos metros y a pesar de mi inquietud no me he atrevido a preguntarle nada, porque tenía miedo de que me enviase a paseo.

Se ha detenido en la plaza Thiers:

—He de dejarte, Daniel. Tengo que hacer unos encargos de mamá.

Le he propuesto acompañarla:

—No, es imposible; tengo para bastante rato.

Yo insistía:

—Esto no tiene importancia, entraré más tarde e inventaré un cuento.

—No, Daniel, no tienes necesidad de que puedan descubrirte en tu casa. Corremos el riesgo de encontrar gente conocida. ¡Adiós!

Parecía tener mucha prisa. No he insistido; he mirado cómo se alejaba con la esperanza de que se volvería.

De ordinario, tres, cuatro y hasta cinco veces me hace «adiós» con la mano, de una forma muy afectuosa. No sé qué tiene. ¿Qué puedo haberle dicho que la haya disgustado? Por mucho que me esfuerce buscando en nuestras últimas conversaciones no recuerdo que hayamos disputado ni una sola vez.

DESPUÉS DE CENAR. No he dicho una palabra. Era fácil no teniendo ganas de hablar.

Estoy locamente intranquilo: mi querida Lucette no es la misma; tengo miedo; me parece que se me escapa.

... ...

Encima de la cama acabo de divagar; estoy loco; Lucette está enojada, eso es todo...

19 DE NOVIEMBRE (por la mañana, antes de salir). Esto no es seguro... Cuando pienso en nuestros últimos encuentros me acuerdo de que ella no era ya la misma. Una infinidad de pequeños detalles me vienen a la mente: su manera de mirar, de dejarse coger la mano, aun la misma manera de hablar, todo ha cambiado; hay menos atención, menos ternura, es evidente, pero ¿por qué? ¿Qué he hecho yo?

EN CLASE DE FRANCÉS. Es posible que no la haya cortejado bastante; no hubiese estado de más haberle escrito cuando no la veía.

Voy a atraparla de nuevo, a tratarla poco a poco, con gentileza. Amo demasiado a mi Lucette para poder perderla.

... ...

A la salida he corrido, pero no la he visto. He subido la cuesta Lechiblier y la he bajado precipitadamente dos veces sin éxito. En el patio tampoco aparece Lucette por ninguna parte. Afectando el semblante más indiferente he preguntado a Liliana si ella la había visto: «No, esta tarde no la he visto», me ha dicho.

... ...

Acabo de volver a bajar, y en vano. ¿Es que huye? ¿Por qué?

... ...

Es más de medianoche, pero no puedo dormir. Es imposible que Lucette no me quiera ya; nos hemos dado el uno al otro nuestra palabra. ¡Cuántas veces me dijo que yo era la razón de su vida! ¡Lo que hay entre los dos es demasiado bello para que pueda acabar un día!

21 DE NOVIEMBRE (por la noche). ¡Se acabó! ¡Todo se ha acabado! He visto a Lucette con otro muchacho: ¡la besaba!

Mi amor ha sido quebrantado y me encuentro solo, horrorosamente solo con mi pena. Toda la tarde he estado llorando. En clase de dibujo el profesor me ha preguntado si estaba enfermo, y yo le he dicho que sí con una mano en la cabeza. Me ha dejado amodorrarme en mi pupitre, pero yo no dormía.

No he cenado nada, pretextando, una vez más, un terrible dolor de cabeza. Mamá ha venido; la he despedido inmediatamente no queriendo que ella se diese cuenta de mis lágrimas.

Sin Lucette mi vida no tiene sentido alguno; sólo ella daba un poco de resplandor en medio de mi noche. No la olvidaré jamás. Puede marcharse, romper todo lo que nos unía, yo permaneceré fiel a mi primer amor. ¡Ningún otro hallará lugar en mi corazón!

22 DE NOVIEMBRE (por la mañana). No he cerrado los ojos durante la noche. Veré a Lucette y le diré lo que pienso de su actitud. En cuanto a ese chico, le deseo que no se encuentre conmigo...

EN EL COLEGIO. Si Cucú pudiera saber lo que me fastidia con sus cuentos, creo que terminaría inmediatamente. ¿De qué me pueden servir todos sus teoremas?

... ...

Cucú acaba de encontrarme escribiendo y quería que le entregase el cuaderno. Ya puede cantar, que prefiero verme castigado hasta final de curso. Por el momento, dos horas de pega.

Pasar el jueves aquí o en otra parte... me da igual, ahora ya no tengo deseo alguno.

POR LA NOCHE. No tengo gana. Mamá se da cuenta y comienza a inquietarse; me ha hecho preguntas, y la respuesta ha sido tan categórica que no ha insistido. Después de la cena he cogido mi abrigo y he salido:

—¿Adónde vas?

—¡A paseo!

He cerrado en seguida la puerta de un golpe para no oir la prohibición que ciertamente ha sido formulada. He bajado corriendo la escalera temiendo que me detuviesen, apretaba la llave en mi bolsillo. He andado una hora y media. La serenidad ha vuelto poco a poco, pero con ella la tristeza, la morriña mayor que nunca...

Lentamente, me he encaminado hacia casa, y para no hacer ruido en el corredor de la escalera me he quitado los zapatos. He entrado en casa andando de puntillas y me he echado sobre mi cama vestido del todo. Escribo; no sé qué hora es; no se oye ruido alguno. Fuera todo es silencio, en mí todo es un caos.

23 DE NOVIEMBRE. Todavía no he comido nada en casa, y el apetito no vuelve.

24 DE NOVIEMBRE. Jueves triste. He rehusado a todo lo que me ofrecían los amigos, saliendo solo para pasear errante sin ningún propósito. Hacía un día gris; la niebla ha descendido suavemente hacia el fin de la tarde, dificultando la respiración y sepultando la ciudad. He buscado a Lucette, pero no la he visto. Sin duda ella se esconde.

Ya no sé qué pensar, y del abatimiento paso de un salto a la mayor sublevación de ánimo, y un momento después a la esperanza más loca.

Vivir solo estas alternativas es algo atroz. Soy un prisionero de mi silencio y nadie jamás sabrá de mi sufrimiento. Los amigos continúan mirándome de igual forma sin darse cuenta del drama que se desarrolla en mí; en casa, mis padres deben pensar que estoy enfadado por alguna tontería más, quizá por no haber ido al circo. ¡Si ellos supiesen! Por otra parte, ¿de qué me serviría que lo supieran? No comprenderían. *¡Estoy solo, irremisiblemente solo!*

2 DE DICIEMBRE. Han pasado ocho días sin haber escrito una sola palabra y siempre la misma lasitud. Me arrastro en la noche. Hasta parece que mi mal se agrave. Imagino una especie de cáncer que me corroe y que va ganando progresivamente todo mi cuerpo, todo mi ser. Lucette, marchándose, ha abierto en mí un enorme vacío y progresivamente este vacío se ha agrandado. Jamás hasta ahora he sentido tan intensamente la nada de mi vida. ¿Por qué?

4 DE DICIEMBRE. José subía por la calle de Montvilliers con su bicicleta en la mano. De momento he pensado evitarlo, pero me ha parecido tan cansado que me he acercado y le he propuesto ayudarle. He cogido la bici. Hemos andado uno al lado del otro, primero silenciosos, luego José me ha mirado.

—¿No dices nada, Daniel?

—¡No tengo nada que decir!

—¿Cómo andas?

—¡Mal!

En seguida he bromeado para hacer creer que era un chiste. José había comprendido y yo no estaba descontento al verlo empujar la puerta que yo había entreabierto.

—¿Pesares de amor?

—Sí.

—¿Lucette?

—Sí.

Se lo he explicado todo.

—¡Mi pobre Daniel! Debes sufrir mucho, pero ya me lo esperaba: eres demasiado joven, ella también. Mira, yo creo que no es todavía para ti el momento de amar a una muchacha. No porque seas incapaz de ello, sino porque razonablemente tú no puedes todavía tratar de afrontar el porvenir; por esto es mejor esperar, no dejarse robar el corazón para evitarse después dolorosos rompimientos. Hay siempre uno de los dos que sangra, y toda pérdida de sangre debilita.

—¡Pero yo no puedo dejar de amar!

—Ya sé, yo tampoco. No se trata de no amar, sino de amar de otro modo, de amar a otras personas. Toda la vida es digna de ser amada, y no simplemente las muchachas.

—¿Mi vida? Me da asco. No sirve para nada.

—Justamente, por eso conviene vivirla de otra manera.

José se apoyaba sobre mi espalda como si, fatigado, tuviese necesidad de mí. Hemos hablado todavía largo rato. Me ha hablado de sus actividades, diciéndome cómo él también encontraba dificultades que se esforzaba en superar gracias a su ideal.

—¿Ves, Daniel? Yo tengo conmigo al Señor. Yo creo en Él. Cuando me veo en un atolladero, rezo y después voy a ver a un cura muy agradable que me ayuda. Deberías hacer como yo.

Habíamos llegado desde hacía rato; hablábamos en el patio común; era tarde cuando nos despedimos.

En casa me esperaban; papá se impacientaba.

—¿No viste la hora que es? ¡Todavía entreteniéndote!

Así me reciben en casa. ¡Sin embargo, me he «entretenido» con José, ese muchacho formidable...!

En la cama (antes de dormirme). No lo comprendo todo, pero me da la impresión de que José tiene razón. Nada podrá distraerme de Lucette si yo no doy un sentido a mi vida.

Construir una vida nueva, comenzar otra vez desde cero y ser un carácter fuerte, valiente, que sirve para algo. Pero ¿cómo? ¡Yo no podré jamás! ¡Carezco de voluntad, empedernido en mi orgullo, mi egoísmo y todas mis bajezas!

Si tuviese valor, vería al Páter, como me lo ha aconsejado discretamente José. ¡Él me ayudaría quizá!

5 DE DICIEMBRE. He visto a Lucette en el extremo de la calle. He sentido unas ganas locas de correr, de atraparla, de tomarla en mis brazos, pedirle explicaciones y expresarle una vez más todo mi amor..., pero me he quedado quieto, atontado, viéndola cómo se alejaba, sin explicarme por qué no he ido a ella.

EN LA CAMA. Poesía sobre mi amor perdido.

¿Por qué te has ido, tesoro mío, querida mía,
dejándome solo buscando un puerto a mi congoja?
Sin velas en mi barco, y olas y ruido,
y en el vasto abismo mis brazos baten la noche.
A pesar de la traición te esperaré todavía,
en el viento, en el frío, si es preciso; lo acepto,
ya que guardo la esperanza de abrirte mi mansión,
cuya puerta es mi corazón, abierta para Lucette.

Son más de las doce. Voy a intentar dormir...

6 DE DICIEMBRE. He ido a ver a José, juntos hemos pasado bien una hora. Me empuja para que vaya a ver al Páter y se burla de mí diciendo que me he rajado. Está en lo cierto.

7 DE DICIEMBRE. Por dos veces he pasado por delante de la casa del Páter. La segunda vez tenía ya el dedo en el botón del timbre, pero no me he atrevido, y me he ido. ¿Qué es lo que pensaría de mí si le contase todas estas cosas? ¿Y cómo decírselas?

8 DE DICIEMBRE. Voy al cine con el Páter. Me pidió que le acompañase; desea ver «El expediente negro». Afortunadamente, el miércoles por la noche puedo salir sin dificultad.

He dicho que iba con Juan Claudio.

A LAS DOS DE LA MADRUGADA. ¡Soy feliz! ¡Es formidable! ¡Veo con claridad! Esta vez voy a salir de mi empecinamiento y a tomar la vida en serio. Mañana explicaré esta jornada. Es menester que rece.

9 DE DICIEMBRE (por la tarde). Ningunas ganas de salir; me he quedado para escribir mis impresiones; siento en verdad miedo de olvidarlas. Quiero conservar el recuerdo de este día:

TARDE DEL 8 DE DICIEMBRE. El Páter me esperaba. Nos habíamos demorado y tuvimos que correr para no llegar tarde al documental. Él me pagó la entrada. Al salir hacía un tiempo agradable, un tiempo casi primaveral.

—¿Vienes a dar una vuelta?

Comprendí al momento el sentido de la invitación. Esta vez estaba disponible, dispuesto a contar mis dificultades. Era de noche y resultaba más fácil. Anduvimos un rato en silencio. Hubiera querido hablar, pero no sabía cómo empezar, esperaba la pregunta que me ayudaría.

—¿En este momento estás en forma, Daniel?

—A medias.

—¿Por qué?

—¡Por todo!

Me tomó por el brazo, yo estaba contento; metí la mano en el bolsillo de mi abrigo para darle mayor facilidad de asirme:

—¿Es muy grave?

—Todo me da asco.

—¿Tú te das asco...?

Dijo esto muy lentamente, recalcando las sílabas.

—Sí.

—¿Por qué?

—No sé. Me siento enojado; nadie me comprende, ni yo mismo. Mis padres son «atrasados», yo no siento afición al trabajo, soy un inútil, no sirvo para nada. Hay días que me pongo a llorar, solo, durante horas, sin saber por qué. Y además...,

—¿Y además qué?

—Ahora esto marcha peor todavía.

Yo dudaba, él se dio cuenta.

—¿Lucette?

—¡Esto se acabó!

—¡Mi pobre amigo!

—Sin embargo, era algo delicioso; yo la amaba de verdad. Siete meses hacía que nos tratábamos. Ella era desdichada en su casa y yo quería procurarle un poco de dicha, hacerle todo el bien posible. Cuando no estábamos juntos, pensaba constantemente en ella como en mi única razón de vivir. Todo esto se ha venido abajo de un golpe sin saber por qué. ¡No obstante, yo no hacía nada malo!

—Jamás es malo amar.

Yo lo miré aliviado, contento. Hubiera querido darle las gracias por no haberme condenado; sentí que ahora podía decir cualquier cosa; él sabía comprender. ¡Había encontrado alguien que comprendía!

—¿Era la primera vez, Daniel?

—La segunda. Yo había amado a otra muchacha, a Jacqueline, pero no le había hablado nunca. La veía pasar por la calle y hacía lo posible por encontrarla a mi paso, aguardando horas únicamente para verla. Cuando estaba solo me ponía a veces a hablarle muy bajito. Mil veces quise abordarla, escribirle, y mil veces retrocedí, no atreviéndome. Cuando conocí a Lucette todo desapareció. Veo de nuevo a veces a Jacqueline, pero ya no siento interés por ella; ya me es indiferente.

Ahora estábamos en la costa, junto al mar; yo no sabía por qué calles habíamos pasado. Él se paró delante de una barrera de madera pintada de blanco que cerraba un jardín en pronunciado declive. Creo que me acordaré siempre del lugar: al otro lado se descubría la ciudad iluminada y enteramente a mano derecha el mar con las luces rojas y verdes de las boyas. De codos en la barrera, apoyaba sus manos en mis hombros, me había soltado del brazo y contemplábamos la inmensidad. Me repitió desde el comienzo todo lo que José me había dicho; luego, con gran sorpresa mía, insistió:

—Daniel, tú no amas bastante; yo querría que amases más todavía, tú estás hecho para el amor. Todos los hombres han sido hechos para amar, para amar infinitamente, eternamente. Pero tu amor no es auténtico: es a ti a quien amas; por esto fracasas lamentablemente.

Me hizo ver entonces cómo con mi cuerpo, mi corazón y mi espíritu yo buscaba todas las satisfacciones posibles. Me hizo ver que aun a Lucette no la amaba con buen fin: «Fíjate, Daniel, amar es precisamente lo contrario de todo eso; es olvidarse enteramente en favor de otro. Pero esto es muy difícil. Será menester que aprendas a amar cada día, olvidándote de ti en favor de aquellos que Dios ha puesto a tu alrededor. Esto costará, costará mucho. José te ayudará, otros compañeros también y quizá yo un poco, si tú lo deseas. Pero sobre todo tú pedirás al Señor que te eche una mano en estas cosas.

—Apenas creo en Él.

—¡Sí, tú crees en Él! Al volver a casa ponte de rodillas y dile que tú no lo ves, que no lo tocas, pero que en el fondo de ti mismo tú sabes que Él existe y que Él te oye. Entonces pídele que te libre de ti para que al fin puedas amar de verdad y conocer la dicha.

Sentía frío, pero no quería moverme, ya que temía que él dejase de hablar. Hablaba lentamente, casi por lo bajo, pequeñas frases simples pero luminosas, entre largos silencios, como para dar a las palabras el tiempo de penetrar. Ahora imagino que sus palabras eran como la semilla: germinaban poco a poco en mi corazón.

Al volver a casa, tal como él me lo había dicho, me arrodillé, recé. Me parece que Dios estaba allí, que me escuchaba... ¡Era por primera vez!

Evidentemente, Daniel se ha esmerado en el relato de esta entrevista, la escritura es impecable y no se ve ni una raspadura ni un borrón en el texto; lo ha redactado

seguramente antes en borrador, y luego lo ha copiado con
mucho cuidado.

10 DE DICIEMBRE. He recibido carta del Páter con
la oración. Tiemblo ante la idea de que mamá haya podido abrir el sobre. Ha visto el remitente en el dorso y se
ha contentado en decir: «¿Hay un sacerdote que te escribe?» Yo he dicho: «Sí», sin otra explicación, molesto
y contento al mismo tiempo de demostrarle que tenía
buenas amistades.

Amigo mío:
Al volver a casa la pasada noche he garrapateado sobre
el papel los elementos de esta plegaria, pensaba en ti
y en todos los pobres individuos víctimas de sí mismos.
La he acabado hace un momento y te la envío. Dila por ti,
por mí y por todos los que no han cruzado todavía el umbral de su puerta. Sobre todo, mi querido Daniel, mantén
tus ventanas abiertas, sería terrible que las cerrases. Te
aprecio de veras. Hasta pronto.

¡Señor, líbrame de mí mismo! [12]

Señor, ¿me oyes?
Aherrojado dentro de mí mismo,
prisionero de mí mismo,
no oigo nada más que mi voz,
no veo a nadie más que a mí mismo;
y detrás de mí no hay más que el sufrimiento.
Señor, ¿me oyes?
Líbrame de mi cuerpo, que no es más que hambre,
    y todo cuanto toca con sus grandes e incontables ojos,
    con sus mil manos tendidas, no es más que para asirse
    e intentar aplacar su insaciable apetito.
Señor, ¿me oyes?

---

12. Esta plegaria, así como la que se halla en la página 157 y otras, han
sido editadas en un libro titulado *Prières*, que se ha traducido al castellano
con el título *Oraciones para rezar por la calle*, Salamanca ³1961.

Líbrame de mi corazón, que está todo henchido de amor,
   pero cuando pienso que amo locamente entreveo, lleno
   de coraje, que es a mí a quien amo a través del otro.
Señor, ¿me oyes?
Líbrame de mi espíritu, que está lleno de sí mismo, de
   sus ideas, de sus juicios; no sabe dialogar porque no
   hace caso de más palabras que las suyas.
Solo, me aburro,
   me canso,
   me detesto,
   me repugno.
   Hace ya mucho tiempo que me revuelvo dentro de mi
   miserable pellejo como en el lecho ardiente de un enfermo del que se quiere huir.
Todo me parece ruin, feo, sin luz,
...es que no puedo ver nada sino a través de mí mismo.
Me siento dispuesto a odiar a los hombres y al mundo
   entero,
...es por despecho, porque no puedo amarlos.
Quisiera salir,
quisiera escapar, correr hacia otro país.
Sé que la alegría existe, la veo cantando en las caras.
Sé que la luz brilla, la veo iluminando las miradas.
Pero, Señor, no puedo salir, le tengo cariño a mi cárcel
   al mismo tiempo que la odio.
Porque mi cárcel soy yo,
y a mí me quiero;
yo me amo, Señor, y me doy asco.
Señor, tampoco encuentro ya la puerta de mi casa.
Voy de aquí para allá a tientas, ciego,
choco con mis propias paredes, con mis propios límites,
me lastimo,
me siento mal,
me siento muy mal, y nadie lo sabe, porque nadie ha entrado en mí.
Me hallo solo, solo.
Señor, Señor, ¿me oyes?
Señor, muéstrame mi puerta,

tómame de la mano;
abre,
enséñame el Camino,
el camino de la alegría y de la luz.
...Pero...
Pero, Señor, ¿me oyes?
Pequeño, te he oído;
me inspiras compasión.
Hace mucho tiempo que estoy observando tus persianas
cerradas...
Ábrelas, mi luz te alumbrará.
Hace mucho tiempo que estoy delante de tu puerta cerrada
a candado...
Ábrela, me encontrarás junto al umbral.
Yo te aguardo, los demás te aguardan.
Pero hay que abrir;
Tienes que salir de tu casa.
¿Por qué continuar siendo tu prisionero?
Eres libre.
No soy Yo quien ha cerrado tu puerta,
no soy Yo quien puede abrirla de nuevo,
...porque eres tú quien desde dentro la tienes sólidamente
aherrojada.

Tercera parte

EL DESCUBRIMIENTO DEL «OTRO»
O EL APRENDIZAJE DEL VERDADERO AMOR

11 DE DICIEMBRE. ¡Mi santo! Mis padres me han regalado una corbata; la Tutuna, un paquete de cigarrillos americanos; Juan Pedro ha olvidado la fecha.

Estaría bien este año que la fiesta de mi santo fuese la señal de partida de esta nueva vida que deseo desde hace tanto tiempo. Ahora tengo a mano los elementos para cambiar; debo llegar a ser otro. ¡Lo seré!

13 DE DICIEMBRE. Acabo de leer las últimas páginas de mi cuaderno. Todo esto es bello, pero me daba cuenta hace apenas un momento de las veces que llego a pensar en Lucette. Si no tomo resoluciones prácticas, no saldré de mi mediocridad.

1) Conviene que trate de no distraer más el pensamiento en Lucette.

2) Para conseguirlo con mayor seguridad y al mismo tiempo librarme de mí, aprender a mirar más por los demás, como me lo han aconsejado José y el Páter. Tener más en cuenta su vida, lo que dicen, lo que desean; por ejemplo, esta tarde, en vez de explicar detalladamente a Beslard todo lo que hice ayer, hubiera hecho mejor preguntándole lo que él hizo.

17 DE DICIEMBRE. En el Atlético gran reunión del Colegio Moderno: estábamos invitados a un campeonato de ping-pong entre las distintas clases. Fue Cristián quien lo organizó todo. Formaba parte de un equipo constituido por los de primero. Remigio había pedido a Delpierre, Malcoux, Pablito, Beslard, Bigleux, Juan Claudio y a mí que

acudiéramos a animar el campeonato. Birard, llamado Bibi, el hombre de los bosques, capitaneaba el equipo de matemáticas elementales. Cristián, con su extraordinaria sangre fría, dirigía las operaciones; había preparado las listas y nosotros apuntamos los resultados a medida que tenían efecto los encuentros. Éramos indiscutiblemente los más fuertes; los de matemáticas elementales comenzaban a rezongar porque perdían. Cristián hábilmente ha proclamado que se daba por supuesto que habría un desquite la semana próxima, ya que no se podía opinar a base de un solo «match». Un botarate ha vociferado: «¡Bravo, Cristián! ¡Tú eres un gran jefe!» Yo formaba equipo con Juan Claudio. ¡Hemos jugado como dos leones! (21/13-21/12).

18 DE DICIEMBRE. «Hace ya tiempo — me ha dicho Juan Claudio — que nos hemos hecho amigos los dos. Con tus historias de amor olvidas a los compañeros.» No he replicado, porque tenía razón, y para que me disculpara he prestado atención a su conversación: me ha descrito extensamente la belleza y la calidad de los adornos que ha comprado para su mobileta. Me ha parecido contento de mi atención; yo también estaba contento por haber hecho el esfuerzo de callarme, ya que me hubiese gustado volver a hablar del torneo de ping-pong.

DESPUÉS DE CENAR. Me pruebo mi corbata para ver con qué cuello de camisa irá mejor. Aun con la azul no resalta; convendría un cuello más abierto, como los hacen ahora. Preguntaré a Bigleux dónde ha comprado su última camisa a listas *beige*. ¡Pero habrá que esperar a que a mamá le parezca bien no comprar cosas clásicas!

19 DE DICIEMBRE. He intentado rezar en misa. Imposible: demasiada gente y demasiado ruido. Lo consigo solamente por la noche, cuando Juan Pedro ya duerme.

Hace un momento mis padres querían que saliese con ellos. He rehusado pudiendo invocar la buena excusa de mi deber de francés para mañana.

20 DE DICIEMBRE. ¡Lucette, he visto a Lucette! Le he hablado.

No podíamos esquivarnos; íbamos uno al encuentro del otro por la misma acera. Me ha molestado advertir su inquietud; ella se ha parado la primera y me ha tendido la mano como dudando y buscando excusas.

—No tienes que reprocharme nada, Daniel. Lo nuestro no podía continuar por tu padre... y además es un amigo... no es que lo ame... es por él... Pero yo no te olvido, seremos siempre amigos.

Le he cortado la palabra:

—Es inútil buscar excusas, Lucette. Tú no has respondido a mi sinceridad más que con la mentira; es lamentable. No has sabido amar ni sabrás nunca.

Me arrepiento ahora de haber sido brutal, pero contrariamente a la costumbre, esta vez las palabras acudían sencillamente a mis labios.

... ...

Estoy triste: este encuentro ha reavivado bruscamente en mí todos mis recuerdos. No estaba preparado para olvidar a Lucette. Sin embargo, debo dominar mi pena; he de vivir y he decidido vivir mejor.

21 DE DICIEMBRE. Prosigue el torneo de ping-pong. Los equipos de primera y de mat. elem. están eliminados; sólo quedamos en pie Juan Claudio y yo contra Beslard y Pablito. De golpe y porrazo estoy a punto de llegar a ser una personalidad en el colegio. Todos pronostican nuestra victoria. La final se jugará pasadas las vacaciones.

Cristián me ha preguntado lo que los muchachos pensaban del torneo, si convenía organizar otros, bajo qué forma, comenzándolo en otras clases, etc...

—En todo caso la próxima vez tú me echarás una mano. Los muchachos parece que te aceptan bien.

Dicho por Cristián eso me llena de orgullo y me satisface.

He anunciado mi éxito en casa. Papá me ha dicho: «Está muy bien, pero aguardo a ver tus notas trimestrales. Probablemente serán menos brillantes.»

¿Por qué, pues, sacar siempre a colación los estudios...? ¡Como si fuese una cosa de igual categoría!

23 DE DICIEMBRE. ¡Al fin las vacaciones! La verdad es que mis notas no son brillantes.

Daniel es modesto cuando ˙califica sus notas de «no brillantes». Personalmente lo encuentro lamentable, tanto más cuanto que conociendo al muchacho y sus facilidades uno se imagina fácilmente el éxito que hubiera podido alcanzar en sus estudios. Sobre él recae una gran responsabilidad. El esfuerzo que ahora va a hacer no será en modo alguno inútil, pero llega demasiado tarde para poder dar plenamente sus frutos.

Las famosas notas aparecen junto a su cuaderno; te las copio para que puedas juzgar por ti mismo. Advierte especialmente que las severas observaciones de los profesores denotan bien la actitud de Daniel ante el trabajo intelectual.

COLEGIO MODERNO DE MUCHACHOS
EL HAVRE

Notas trimestrales del alumno X... Daniel... clase 2.º M. Inscripción en el cuadro de honor: ...o... sobre ...2... Clasificación del 1.ᵉʳ trimestre de: ...15.º... sobre ...24... Año 1954-55. Nota media: 7,8... sobre 20...

Observaciones del señor director:
¡Daniel no trabaja con voluntad más que en aquello que le gusta! Ningún esfuerzo sostenido, cuando si se estimulase un poco podría llegar a los mejores puestos.

Observaciones de los profesores:
Letras: Buen alumno, que hace sus deberes, en general, de una manera inteligente. Muy buenas condiciones.

Historia y geografía: Perezoso y soñador.

Alemán: Muy mal resultado, ya que este alumno no trabaja con seriedad.

Inglés: Daniel se porta mal y distrae a sus compañeros.

Matemáticas: No se interesa por las matemáticas.

Ciencias físicas: No trabaja; resultado, nulo.

Educación física: Hace lo que puede.

MATERIAS	COMPOSICIONES			Conducta	Aplic. y Trabajo
	Valor de 0 a 20	Núm. de orden	Núm. de alum.		
Composición francesa. .	14¹/₂	2.º	24	Bien	Bien
Recitación.	12	9.º	21	Casi bien	Pasable
Historia.	7	17.º	24	Pasable	Pasable
Geografía	6	18.º	23	Casi bien	Pasable
Alemán	4	19.º	19	Mal	Mal
Inglés	10	16.º	24	Mal	Casi bien
Matemáticas.	8	17.º	24	Bien	Pasable
Ciencias física	4	20.º	24	Bien	Pasable
Educación física	5	18.º	22	Bien	Casi bien

NAVIDAD. La misa de medianoche se hizo larga, pero interesante, ya que reina una atmósfera especial en esta noche.

El párroco ha hablado del mensaje de amor de Cristo; ha demostrado que los hombres no lo han acogido todos todavía; no se aman. El cristiano debería ser aquel que irradia el amor a su alrededor, ya que debe continuar la obra de Cristo. He pensado que sería magnífico si yo pudiese amar cada vez más e inspirar a los que están a mi alrededor las ganas de amar. Dios me ayudará, se lo he pedido.

Al volver a casa he metido en los zapatos de la Tutuna unas zanahorias con esta pequeña dedicatoria: «Para que seas más amable.» Desde hace algún tiempo, en efecto, está verdaderamente insoportable.

... ...

Permanezco en mi cuarto, ya que tía Magdalena está ahí y yo no estoy para aguantar sus preguntas o sus asaltos de cariño. Mi mayor deseo es que se vuelva pronto al lado de sus cerdos. Hasta puede llevarse a la Tutuna.

31 DE DICIEMBRE. (Por la noche.) Un año que se acaba. Ha sido bien movido para mí. Jamás había experimentado tantos asaltos y vivido tantas aventuras. El año 1954 quedará como el año de mi gran amor, el año de mi desespero, pero también el año de mi renovación. Dentro de tres horas estaremos en 1955, frente a unos meses nuevos que convendrá utilizar. De aquí a un año, a la misma hora, espero poder comprobar mis progresos; no obstante, la lucha se anuncia ruda: hace un momento me he encolerizado, he dicho tonterías, una vez más. En aquel momento me sentía abatido, pero pienso que hay que volver a empezar siempre. Acabaré por vencer; ha de ser así.

Después de esta página, Daniel parece que ha querido marcar una etapa hasta en su cuaderno; ha pasado una página en blanco y con grandes letras ha escrito en la siguiente:

1955—Año de la renovación

7 DE ENERO. Han transcurrido ocho días sin escribir nada. Por otra parte, no hay nada que señalar si no son algunos esfuerzos, pero todavía demasiado dispersos. Sería conveniente que me aficionase a alguna cosa para encontrar ayuda; no he descubierto todavía el objeto que me ayudará a salir de mí mismo.

El campeonato de ping-pong: nosotros somos los vencedores más perfectos. Soy considerado definitivamente como un gran éxito..., a lo menos en eso...

Cristián acaba de hacer una exposición de clase. En el salón de la clase ha fijado por las paredes fotos de las viviendas miserables con algunas cifras que dan los datos estadísticos de las viviendas insanas en la ciudad. Unas frases bien dichas subrayan el drama permanente de los mal alojados. Ha hecho este trabajo con algunos otros para interesarles en el asunto.

8 DE ENERO. Los alumnos de primero han reaccionado. La mayoría estaba en favor, algunos han encontrado algo que decir: «Esto de conmover a la gente para dar una solución individual no sirve de nada; es cuestión del gobierno, son necesarias medidas de conjunto.» Cristián ha dicho la última palabra: «Ciertamente es un problema de conjunto y hay que luchar para obtener reformas generales, pero no hay que estar esperándolas para dar una solución a las miserias que lanzan gritos... que no pueden esperar.»

9 DE ENERO. Para comenzar el año, copio «La carta a Dedé» de Roberto Lamoureux. Remigio me ha dejado el texto. Voy a aprendérmela de memoria y la repetiré cuando me sienta desalentado. Lamoureux es un tipo formidable.

11 DE ENERO. Talbot es seguramente el profesor más interesante: se ocupa de los alumnos y quiere salir de los caminos trillados. Sus clases de geografía e historia, son siempre extremadamente llenas de vida. Es de considerar que nadie jamás escandaliza en su clase.

Hoy nos ha explicado su proyecto: quiere que tres de entre nosotros escojan una materia y la expongan luego a los muchachos de la clase en una alocución de una media hora. La inscripción está abierta. Cada uno tendrá que discutir con él de lo que escoja. No me decido a inscribirme. No sé arreglármelas para hablar delante de treinta individuos. Los muchachos no se atreven a echarse al agua, se contentan con bromear más o menos. ¡Es lamentable, una vez que un profesor hace algo inteligente!

12 DE ENERO. Cristián me impulsa a no dejar escapar una ocasión como ésta: «Debes servirte de ella. Trata

también de decidir a Remigio. Los tres asuntos han de ser tratados». En cuanto a mí, me ha aconsejado hablar sobre el hambre del mundo. Él hizo la misma exposición el año anterior, podrá aconsejarme y presentarme datos estadísticos y revistas. Mañana iré a su casa para que me las entregue, después trabajaré la cuestión y le mostraré mi plan.

POR LA NOCHE. He tenido la mala pata de decir en casa que iba a pronunciar una conferencia: Juan Pedro se burla de mí y la Tutuna, delante de todo el mundo, ha dicho: «Después de hacer poesías, el señor Daniel da conferencias.»

... ...

Es cosa dura hacer esfuerzos. Muy a menudo después de la decisión veo cómo debía haber obrado, pero es ya demasiado tarde. Continúo viviendo como antes, llevado por una larga costumbre de egoísmo. Me amo a través de la indulgencia con que me juzgo, me amo en mis debilidades; por tanto, amarme no es «amar».

13 DE ENERO. He visto a Cristián. He vuelto de su casa con la cartera llena de documentación: libros, revistas y algunos artículos que él había recortado el año pasado. No ha querido dejarme su conferencia, invitándome a que estableciera por mí mismo mi plan, pero aceptando discutirlo luego conmigo.

Trabajo febrilmente, pero me veo perdido en este montón de papeles. Juan Pedro ha venido a estorbarme, se aburre y quiere que invente un juego para los muchachos del patio común. Lo he despachado; que se espabile con sus amigos, yo tengo un trabajo serio que hacer.

... ...

La Tutuna me propone merendar; lo había olvidado, pero el hecho de pensar en ello me ha recordado que me había saltado la merienda. Siento un hambre espantosa en este momento; me comería en cada comida un bistec grande como el plato.

LAS DOCE Y VEINTE DE LA NOCHE. Trabajé como un bruto. ¡Qué dolor de cabeza! Pero esto que voy a lograr es formidable: debo revelar a los muchachos el drama terrible que no conocen: el hambre que corre el peligro de arrastrar en breve plazo el mundo a la catástrofe. Es horroroso, yo mismo no me daba cuenta.
He aquí mi plan:

Introducción.

Los estragos humanos provocados por el hambre son superiores a los provocados por la guerra y las epidemias.
1) Consecuencias del hambre:
    a) inmediatas,
    b) lejanas.
2) Los hechos:
    a) Brasil,
    b) África del Sur,
    c) Asia en general,
    d) India.
3) Los remedios:
    a) los verdaderos,
    b) los falsos.

Conclusión.

14 DE ENERO. En clase de alemán, correspondencia privada entre Remigio y yo con la complicidad del inevitable Bigleux. Ese badulaque de Remigio no quería saber nada: le acoquina tener que hablar delante de compañeros; le he persuadido a inscribirse, no hay que tener miedo a desbaratar los problemas para darlos a conocer a los demás. Cristián lo ha dicho. Por tanto, a mi entender, Remigio es uno de los más capacitados para hacerlo. Cuan-

do la clase acababa, él ha cedido. No quedaba ya un espacio en blanco en el cuadernillo de Delpierre, requisado para las necesidades de nuestro correo.

Debo ayudar a Remigio a redactar su texto, dado que estoy «fuerte en francés».

Por la noche. Estanislao me esperaba a la salida; es la primera vez que se toma interés por mí. No hemos dicho gran cosa subiendo camino de casa, pero esta noche, al pensarlo de nuevo, me siento muy contento. Me siento cada vez más inclinado hacia él.

15 de enero. Cristián ha criticado un poco mi plan; según él, yo lo haría mejor presentando primero los hechos antes que las consecuencias para llamar mejor la atención del auditorio.

También es más lógico presentar primero los falsos remedios antes que los verdaderos para despertar mejor el interés.

Domingo, 16 de enero. A causa del frío no he podido estar mucho tiempo fuera, y de nuevo sentado a mi mesa, escribo con la luz encendida, ya que oscurece. Con la frente apoyada contra el cristal de la ventana he comenzado a soñar largo rato. ¡Qué triste resulta este cielo casi amarillo y cubierto que apaga toda luminosidad! ¡Me asfixio! Ningún ruido hasta el momento: las calles, por otra parte, están desiertas y yo me imagino a las gentes aglomeradas a las entradas de los cines, alumbradas por la luz artificial, uniformemente roja, tontamente unidas por su aburrimiento. Lucette, con su muchacho, debe esperar en este momento en una de estas entradas. ¡Y yo aquí, solo, me aburro! Los papeles de mi trabajo están ahí diseminados sobre la mesa; querría ponerme a trabajar, pero no siento los ánimos de hacerlo. Me he lanzado a esta aventura sin pensarlo; esto es tonto después de todo. ¿Por qué pasar un mal rato? Yo tengo el derecho de divertirme como todo el mundo. Y luego ¿qué hacer? Quisiera ver a alguien, y no quisiera ver a nadie; quisiera divertirme, pero no sé cómo y no tengo ánimos de andar buscando con qué. Porque, después de todo, creo que no lo encontraría.

… … … … … … … … … … … … … … … … … …

EN LA CAMA. Posiblemente hace ya una hora que estoy aquí, acostado de espaldas, los pies al aire, la sangre que afluye haciendo latir mis sienes; toda mi cabeza resuena y escucho mi corazón cómo lleva el compás de mi vida. Contemplo sobre el papel de la pared de mi cuarto cómo agoniza lentamente el día. A fuerza de fijarme en su rameado lo he visto alumbrarse y lanzar innumerables destellos. Diez veces he cerrado los ojos, luego los he abierto para ver de recuperar mi visión, pero todo ha desaparecido poco a poco en la niebla de la noche.

… … … … … … … … … … … … … … … … … …

Acabo de leer mis divagaciones de hace un momento; resulta muy inteligente que uno pierda así su tiempo. Total, una tarde sin hacer nada. ¡Bravo, Daniel! ¡Y tú que quieres llegar a ser otro hombre...! No es éste seguramente el camino para conseguirlo. Si yo hiciese la suma de todo mi tiempo perdido obtendría muy bien un año de vida...

… … … … … … … … … … … … … … … … … …

No llegaré jamás a amar plenamente.

21 DE ENERO. Mamá está enferma. Ayer por la mañana, haciendo astillas para el fuego de un cajón viejo, metió el pie sobre una tabla y se clavó en la planta un clavo herrumbroso. Al momento ella no le dio importancia y la herida se ha infectado. Ahora tiene el pie hinchado y aguarda al médico. Se nota que sufre. Por una vez hay tranquilidad en casa: Juan Pedro pone la mesa en silencio; ha sido la Tutuna quien ha preparado la comida; los dos se daban prisa y yo allí, un poco abstraído, en medio de ellos, no sabiendo en qué podía ser útil. Una

vez más mamá debe encontrarme indiferente; pero estoy inquieto, no me gusta ver sufrir a nadie y menos a mi madre.

A LAS 10 DE LA NOCHE. El médico se va; no ha podido venir sino muy tarde, muy atareado en este tiempo por causa de la gripe. Mamá ha de ser hospitalizada inmediatamente, él ha dicho que era cosa muy grave, que era cuestión de tiempo. La infección puede alcanzar rápidas proporciones, había que haberle dado inyecciones antitetánicas. Esperamos la ambulancia. Papá está consternado; yo no sé qué decir.

A LAS 11 Y MEDIA DE LA NOCHE. Mamá ha salido; la Tutuna llora, Juan Pedro se aguanta tanto como puede, y yo he dicho un adiós muy frío, cuando hubiera querido expresar verdaderamente mi afecto. ¡Qué molesto es ser tímido! He querido consolar a la Tutuna; me ha dicho: «¡Como tú no te das cuenta del caso!...» Esto me ha dolido, pero no he dicho nada.

Voy a rezar por mamá.

22 DE ENERO. Mamá está en una gran sala donde hay por lo menos cuarenta personas; ocupa una cama en el centro de la sala. He debido afrontar las miradas de todas las enfermas para llegar hasta ella. No me ha dicho casi nada estando como está todavía bajo los efectos de la operación: le han abierto el pie esta mañana.

Me he sentado al lado de la cama. La cara de mamá me horrorizaba, está muy pálida, sus rasgos rígidos. De tiempo en tiempo cerraba los ojos y permanecía inmóvil; me daba la impresión de que estaba muerta, y me imaginaba el vacío horroroso que su partida causaría.

Con la cara hacia la pared he llorado, no quería que nadie me viese.

A un extremo de la sala una hermana me ha detenido: «¿Es su mamá?»

—Sí.

—Ahora está muy fatigada; hay que portarse con delicadeza con ella, hijo mío.

Yo he dicho sí sin atreverme a hacerle pregunta alguna; sin embargo, bajando la escalera, mis piernas me fallaban porque de repente he creído que ella quería prepararme para una desgracia posible.

Subiendo para casa he pasado muy mal rato, y en mi imaginación me he visto ya a la puerta de la iglesia, al lado de papá que lloraba, recibiendo los pésames de los vecinos y amigos. Veía las expresiones de cada uno de ellos, oía sus palabras y permanecía impasible, mordiéndome los labios para no llorar, orgulloso interiormente de mi dolor y de mi fuerza de ánimo...

Es desolador, mamá está gravemente enferma y sigo todavía pensando en mí a través de mis divagaciones.

La Tutuna me ha animado y hecho subir la moral. Juan Pedro, ella y yo hemos preparado todo en casa. Papá ha ido al hospital, dentro de una hora estará en casa. Todo estará en orden, no habrá más que sentarse a la mesa para comer; bien es verdad que él se halla demasiado acongojado para tener apetito.

¡Pobre papá, lo veo desamparado! Siempre me ha parecido severo, casi violento, por eso sus lágrimas me desconciertan; debe querer mucho a mamá.

Domingo, 23 de enero. Esta mañana en la misa he rezado mucho por mamá.

Hemos ido todos juntos al hospital, pero no nos dejaron permanecer mucho tiempo. La hermana ha recomendado a papá: «Diez minutos, no más. Luego usted se quedará solo con ella, porque no conviene fatigarla.»

El médico no dice aún su parecer; espera ver la reacción del suero. La fiebre no ha bajado todavía; es menester que baje un poco de hoy a mañana por la mañana, de lo contrario todo es temible.

¡Mamá no puede morir, esto no es posible, nos hace falta! Jamás había pensado yo en la muerte. Hasta ahora me parecía que no era más que para los viejos y que no nos podía tocar a nosotros. Me siento envejecer de un tirón; si mamá se nos fuese, yo, como el mayor que soy, tendría que ponerme a trabajar; los otros dos son todavía demasiado jóvenes. Pero todo esto no ha de suceder, Dios no nos abandonará.

... ...

Con alegría he reemprendido mi trabajo sobre el problema del hambre; avergonzado y contento a un tiempo de tener ocasión de no pensar más en mamá. Trato de escapar un poco a esta tristeza que me oprimé y hace que acudan las lágrimas al borde de mis párpados en cuanto pienso en el hospital, las camas y en mamá.

... ...

Juan Claudio acaba de marcharse; no sabía nada, venía a buscarme para ir al cine. Le he dicho que mamá estaba muy enferma; lo sintió, tanto como yo. He adivinado que buscaba algo que decirme y como no encontraba qué, me ha estrechado la mano y se ha ido.

Los vecinos y vecinas han venido a saber noticias: la tía Baltin, la señora Caillé, la gruesa Julia, etc... A mamá la quieren mucho en el barrio. La gruesa Julia me ha hecho grandes demostraciones de afecto; poco le ha faltado para cogerme por el cuello: «¡Pobre muchacho, me ha dicho, tu mamá es tan buena! Pero es menester tener ánimos; tú eres el mayor, etc..., etc...» Yo me sentía molesto, no sabiendo qué actitud tomar.

24 DE ENERO. (Por la mañana antes de salir.) He encontrado debajo de la puerta estas cuatro líneas cuando iba a buscar el pan. Me pregunto cómo ha sabido Cristián que mamá estaba enferma. Es una delicadeza, no me extraña de él. Quisiera poder expresarle la alegría que me ha procurado, pero sé de antemano que no sabría cómo hacerlo.

Daniel ha pegado aquí la carta de Cristián. Está escrita aprisa en una hoja arrancada de una libreta.

«Amigo Daniel:

»Me he enterado de la enfermedad de tu mamá, sé que esto es grave; no quiero esperar a mañana por la mañana para decirte que pienso mucho en ti. He dicho dos palabras al «Amo» por ella, por ti y tu familia. Estoy seguro de que tú no te dejas abatir y que ayudas a tu hermano y a tu hermana. Ya conoces mi amistad, amigo mío.

»Cristián.»

POR LA NOCHE. La fiebre ha bajado considerablemente; todo peligro parece descartado; todos nos sentimos aliviados y la tensión ha disminuido repentinamente. De repente papá ha puesto la radio; no la habíamos escuchado desde hacía tres días. La Tutuna cantaba.

Mañana doy mi charla sobre el problema del hambre; no está acabada; todos estos acontecimientos me han retrasado. Tendré que velar una parte de la noche.

A LA UNA Y MEDIA DE LA MADRUGADA. ¡Reventado! ¡Estoy reventado! Pero he acabado. He repetido mi conferencia varias veces en voz alta, subrayando los pasajes en que debo levantar la voz para persuadir. Me he mirado en el espejo para ver el efecto que producía; he de hacer gestos. Afortunadamente, Juan Pedro dormía como un lirón. Estoy un poco excitado y tengo miedo. Hablar delante de toda la clase me impresiona; esto si no me asalta el miedo y me paraliza, como me pasa a menudo. Afortunadamente tengo mi texto y además voy a tomar algo en lo cual tengo confianza...

Aquí se termina el segundo cuaderno: el cuaderno azul.
Las últimas líneas están tan apretadas que me he visto con apuros para descifrarlas. La cubierta, tanto por dentro como por fuera, está llena de extravagantes dibujos, caras vistas de perfil, corazones atravesados por flechas, trazos

de bolígrafo en todas direcciones. En medio de semejante batiburrillo se distingue en todas partes la palabra «Lucette» escrita de treinta y seis maneras, la más frecuente en mayúsculas.

El diario se prosigue ahora en un grueso bloc tamaño de «tarjeta postal» con espiral en el lomo y tapas rojas charoladas. Las hojas de pequeña cuadrícula se hallan llenas, en general, de un texto muy denso, ya que la caligrafía es sumamente pequeña. Con todo, se puede leer, con raras excepciones, ya que ahora es más redonda y más regular.

Se nota que Daniel cuida más la redacción de su diario. Ha llegado hasta a corregir sobre la improvisación del momento ciertos pasajes aligerando de un modo notable el diálogo.

25 DE ENERO. ¡Uf! ¡He terminado y con éxito! Remigio ha hablado el primero; no se ha despachado mal y yo estaba bastante nervioso pensando que a los pocos instantes me tocaría el turno. Subido en el estrado, no me atrevía a mirar a los muchachos, entre mis manos aguantaba los papeles. Dándome cuenta de que temblaba, los he dejado sobre la mesa. El comienzo ha sido penoso, las palabras me salían apenas, mi garganta no articulaba, pero poco a poco me he asegurado encontrando las entonaciones de ayer por la noche. El sonido de mi voz que se amplificaba me ha tranquilizado, y he levantado los ojos. Los muchachos escuchaban atentamente, un poco asombrados. Talbot, desde un rincón, seguía también vivamente interesado. Entonces he terminado con dignidad, ya no temblaba. Los muchachos han aplaudido y el profe me ha felicitado delante de todos.

Afuera muchos han venido a mi encuentro. Beslard ha dicho efusivo: «¡Al pelo, muchacho! No te has rajado y dominas bien el tema.» Le he oído decir a Bigleux cuando se iba: «No creía que Daniel fuese un tipo capaz de eso. Te advierto que me ha convencido.»

Cristián ha venido por noticias, ha tenido que preguntar a los muchachos, pues al acercarse a mí se ha entusiasmado: «¡Bravo, Daniel, eso sí es un trabajo!» Estanislao se hallaba allí, pero no ha dicho nada. Yo lo he mirado y me he acercado a él; ahora me doy cuenta de que buscaba un cumplido suyo que me hubiera llenado de satisfacción.

He recuperado unos fragmentos de la charla. Juzgo interesante ofrecértelos. Estas notas forman parte de la exposición de hechos que hizo Daniel.

Pero esto no es más que una cifra global. He ahí algunas otras tomadas al azar, que os darán una pequeña idea de la importancia de semejante plaga.

1) Para satisfacer todas las necesidades fisiológicas son necesarias al hombre 2.800 calorías por día.

De aquí que la Comisión Nacional de la alimentación en Bolivia estima en 1.200 calorías el régimen alimenticio de cada día del boliviano.

2) En el Brasil, la consumición media de leche por cabeza y por año es de 8 litros. En Suiza, donde es normal, es de 263 litros.

3) En la cuenca del Amazonas la mortalidad infantil debida al hambre es de 24 por 100 y hasta 33 por 100 en el Norte de la Argentina, lo que significa que un niño de cada tres muere antes de llegar al año.

II. Pasemos al África.

Es un continente de pueblos famélicos.

En el África del Sur se ha hecho una encuesta sobre 11.000 niños; un 84 por 100 no hacían más que una comida por día, un 15 por 100 hacían dos y sólo el 1 por 100 hacía tres.

En todos los casos el maíz constituía su único alimento.

III. Asia.

Es por excelencia la tierra superpoblada y la tierra del hambre.

1) China tiene más de 500 millones de habitantes.

Según J. de Castro, «no es exagerado asegurar que

el 50 por 100 de la mortalidad total de los chinos tiene por causa directa o indirecta el hambre». China tiene el nivel de mortalidad más elevado.

2) La India es también la tierra del hambre.

Su miseria es la más conocida. Las cifras y los documentos abundan. Bastarán algunas líneas.

«La miseria del indio sobrepasa todas las restantes. Por ejemplo, en Calcuta las familias viven en la misma calle, sin techo, sin la menor pieza de mobiliario, y el número de los que uno encuentra tendidos en la acera debiendo pasar por encima de sus miembros enflaquecidos en vísperas de su muerte por inanición, aumenta cada día más.»

El 25 por 100 de niños muere antes del año. De los que quedan, el 40 por 100 muere antes de los 5 años.

... ...

POR LA NOCHE. Papá llega con buenas noticias: el médico ha confirmado esta mañana que todo peligro quedaba descartado definitivamente, pero que será menester mucha paciencia antes de que mamá esté completamente restablecida.

Papá está contento, pero fatigado; le preocupa el mes que vamos a pasar solos.

28 DE ENERO. Beslard me ha hablado de nuevo sobre mi charla; no sale de su asombro. Me ha preguntado de dónde saqué todos mis datos y desea ver mi trabajo y las revistas que utilicé. Desde hace tiempo se interesa por el problema del alcoholismo, pero jamás se había parado a considerar los estragos causados por el hambre. Hemos hablado largo rato muy en serio.

Beslard es un muchacho de una inquietud mayor que la mía, y me sorprende ver que me considera capaz de mostrarle algunas ideas claras. La conferencia del martes ha sido para él una revelación. Si soy leal, he de intentar trabajar para ayudarle a resolver sus problemas. Esta noche voy a releer dos o tres artículos que había pasado un poco por alto.

… … … … … … … … … … … … … … … … … …

Daniel, te acuestas sin haber leído estos artículos. Eres un vivales. No quieres a Beslard… y después de todo, ¡qué caray!, me acuesto.

30 DE ENERO. Mamá mejora sin sombra de cuidado; hace un momento estaba sentada en su cama haciendo calceta. Con todo, hay que ver que no abuse; se fatiga pronto. Yo me he quedado hasta las tres; papá ha llegado luego; me ha aliviado, pues ya no sabía qué decir, porque no me gusta encontrarme solo con mamá. Con demasiada frecuencia me hace preguntas, deseando saber muchas cosas; ahora bien, a mí no me gusta hablar.

¡Qué atmósfera, sin embargo, la de este hospital! El domingo es más soportable porque hay gente, las camas se ven rodeadas de personas, los visitantes llevan a los enfermos frutas, bombones, toda clase de golosinas. Sin embargo, he notado al salir —lo he notado una vez más— que hay una buena mujer en el mismo rincón de la sala que no tiene nunca a nadie que le haga una visita; siempre me mira e inicia una sonrisa. Hoy he tenido la idea de decirle buenos días al pasar; pero no he sido capaz. ¡Qué idiotez, con la alegría que le hubiera procurado! ¡Siempre esta maldita timidez!

De regreso a casa he encontrado la vajilla por secar. La Tutuna, pensando que me tocaba a mí hacer este trabajo, me la ha dejado; está bien, ya que mamá está enferma, pero de todos modos no ha de abusar de la situación.

1.º DE FEBRERO. Afortunadamente, Cristián me ha dado una mano en las matemáticas. Ha venido a casa, me ha explicado el problema con una paciencia de ángel, ya que estoy completamente negado para esta materia.

Después hemos conversado: «Has hecho bien en dejar tus notas a Beslard, es un muchacho simpático. Trata de volver a verle y de hablar con él. Puesto que tú le has planteado un problema a través de tu conferencia, y también es posible que, a través de la forma en que la has dado, le debas una respuesta.»

—Lo sé y lo pienso, pero ¿qué es lo que debo hacer?

—Basta con que te intereses por su vida. ¿Sabes dónde vive? ¿Cuál es su familia? ¿Lo que él ha hecho antes de venir al Colegio?

—¡No!

—Entonces trata de averiguarlo; esto es querer a un muchacho. No olvides tampoco tu clase. Resulta que hace tiempo que no habéis organizado una partida de ping-pong ni una sesión de cine. Nada mejor que esto para explayar el ánimo de los muchachos y permitirles conocerse mutuamente.

Estas advertencias son justas.

Cuando Cristián dice que hay que hacer algo me veo capaz de cualquier cosa, ya que me doy cuenta de que tiene razón y estoy contento de darle gusto.

Dejo esto; es menester que eche una mano a la Tutuna para preparar la comida.

3 DE FEBRERO. He tenido que ir otra vez al hospital pero ha sido la última; mamá sale mañana. La herida no se ha cerrado aún, hay que ponerle vendajes y el médico vendrá a casa a curarla.

Tenía ganas de ir al cine, mamá me ha dado dinero; me he dirigido de cabeza a la plaza Thiers para encontrar allí a la pandilla de Bigleux y lo he sentido: dos muchachas estaban con ellos, han hablado y bromeado durante toda la película; esto me pone nervioso. Cuando voy al cine es por la película; además, las chicas no tenían nada de particular; salir con Lucette es más agradable.

Después de la película, a pesar de las pocas ganas que tenía, los he acompañado al café Thiers, donde he bebido y reído como todos. Delpierre no ha querido pagarme otra cosa que agua mineral, dadas mis ideas sobre el alcoholismo...

A LAS 11 DE LA NOCHE. Todavía no he tocado mis deberes. Una línea solamente: todo está a punto para el regreso de mamá; el suelo, el parquet, los cristales, todo limpio, flores (es papá quien las ha traído), todos estamos de buen humor. ¡Perfecto!

4 DE FEBRERO. Mamá ha vuelto, pero muy débil todavía. Se ha acostado en seguida. Habrá de acostumbrarse a estar levantada, y al principio deberá ir con bastón.

5 DE FEBRERO. He tratado de ver a Beslard, pero había salido antes que yo y no lo he encontrado.

6 DE FEBRERO. Estanislao es verdaderamente chocante. Al terminarse la clase me ha invitado a salir con él. Yo pensaba que tenía algo que decirme y he aguardado durante todo el trayecto, pero nada. Yo lo miraba de soslayo: tenía la mirada extraviada en el infinito y parecía reflexionar. ¡Hubiera querido captar su secreto!

POR LA NOCHE. Me pregunto si es que no voy a escribir a Estanislao para manifestarle mi amistad y asegurarle que puede contar conmigo.

9 DE FEBRERO. Ciertamente yo no sabía gran cosa acerca de Beslard. No sabía siquiera que vivía en Aplemont; es de los damnificados del barrio de San Francisco, donde sus padres lo perdieron todo. Tiene dos hermanas más jóvenes que él y un hermano mayor.

Beslard tenía ganas de hablar, yo no he abierto casi la boca; me ha bastado dirigirle algunas preguntas. A todas luces él estaba contento de que alguien le escuchase y yo he tratado, en efecto de «escucharle» lo más posible. Cuando le he preguntado acerca de su padre ha titubeado un poco y ha intentado desviar la conversación. He considerado prudente no insistir.

Beslard se ha despedido con un efusivo apretón de mano que yo he notado como cosa muy distinta de los vulgares «buenos días» y «adiós». He regresado con el corazón henchido de satisfacción.

Hoy he hecho en verdad un esfuerzo. ¡Bien, Daniel, tú vas siendo un gran jefe!

11 DE FEBRERO. Cristián enfadado. Ahora recuerdo que Juan Claudio me había hablado de un partido entre primero y segundo. Tenía necesidad de mí, ya que lo pasan mal para encontrar los once chavales; pero la verdad es que lo había olvidado por completo. Cristián estaba con ellos y me ha dicho que he hecho mal faltando:

—Cada vez que hay una actividad de conjunto en la clase es la ocasión de hacer un poco más de camaradería, y tú, que te pintas solo, deberías ser de los primeros en tomar parte.

12 DE FEBRERO. Me hallaba con Malcoux cuando he encontrado a Lucette; se ha detenido para saludarnos. Al principio, su manera de mirar me ha trastornado una vez más, Malcoux ha debido de darse cuenta; cuando ella nos ha dejado, me ha dicho: «No está mal tu chavala, pero ¿esos amores no carburan ya?» Como yo no le respondiese, ha añadido: «No te apures, por una que se marcha, vienen otras diez.» Se ha vuelto y ha hecho a Lucette un ademán con la mano que yo no sé si ella ha visto.

Lo que más me ha disgustado de esta entrevista ha sido que Malcoux me acompañara. Me gustaría encontrar a Lucette a solas y hablarle. He sabido por Genoveva que está arrepentida de su actitud. A veces estoy tentado de esperar y me digo que quizá podría arreglarse todo. Por un momento me dejo llevar de esta idea y me imagino saliendo con ella, yendo al cine, a la playa, hablando sin parar como antes; pero al mismo tiempo me doy perfecta cuenta muy pronto de que yo no podría satisfacerme con este amor; ha llevado consigo algo inmaduro, algo imperfecto...

A LA MAÑANA SIGUIENTE, 13 DE FEBRERO. Me costó mucho tiempo dormirme ayer por la noche; pensaba en Lucette, soñando que llegaba, subía la escalera, llamaba a la puerta y que yo iba a abrirle, loco de alegría, y ella caía en mis brazos pidiéndome perdón...

He repasado lo que he escrito acerca de ella y estoy inquieto; me parece que nuestra separación ha abierto un vacío que hasta el momento nada ha podido llenar. Hay momentos en los cuales siento profundamente la necesidad de amar, de amar concretamente a alguien, a una persona que pueda ver, tocar, estrechar en mis brazos. Quizá soy un necio permaneciendo así, no yendo a buscar a otras partes, habiendo como hay tantas muchachas...

Por otro lado, está todo eso que me ha dicho el Páter y lo que me ha repetido José. Dios sabe si he repasado las conversaciones escritas en mi diario, pero hay momentos en que éstas no me convencen nada en absoluto. Tengo miedo a aceptar un sacrificio costoso por nada. Con todo, hay que confesar que los dos meses que he tratado de ocuparme sólo de los demás, me han proporcionado mucha más alegría que todas mis entrevistas con Lucette. Entiendo que es algo más profundo, pero por el momento es algo más sacrificado.

14 DE FEBRERO. A quemarropa he preguntado a Cristián si él era siempre feliz. Me ha mirado extrañado:

—Sí. ¿Por qué no?

—Porque yo a menudo me siento hastiado y tú pareces andar viento en popa.

—Amigo Daniel, eres muy original. Yo soy como todo el mundo. Me hastío a veces terriblemente; pero sé adónde voy y por lo que lucho. Esto me da ánimos.

La llegada de Juan Claudio nos ha obligado a cortar en seco la conversación. Con él no hay modo de hablar seriamente; lástima; me hubiera gustado mucho continuar.

15 DE FEBRERO. ¡Ya estamos en aquello! Las escenas van a proseguir probablemente. Planchaba las rayas de mi

pantalón desde hacía demasiado rato, según parece, y había abandonado la tarea de subir el carbón desde el sótano. El tono ha ido creciendo progresivamente y a la larga letanía de lamentaciones se han añadido nuevas invocaciones:

—Tú no tienes consideración, no te das cuenta de que yo no me puedo valer todavía; bien se ve que no sabes lo que es estar enfermo... Claro, te sentías muy bien mientras yo estaba en el hospital: más tranquilo, ¿no es eso? Hacíais todo lo queríais...

Papá ha puesto el colofón:

—¿No has agotado todavía a tu madre? Yo esperaba, sin embargo, que hubieras comprendido; antes eras más servicial, pero he cambiado de opinión: eres siempre el mismo.

Ya que es así, no haré nada; no valdría la pena de que me esforzase.

16 DE FEBRERO. Mi reacción de ayer noche fue estúpida. ¡Cualquier cosilla me afecta!

Esta mañana he merecido elogios por mi deber de francés sobre «La amistad según Montaigne». Haciéndolo he pensado en Estanislao; es verdad que lo quiero mucho; trataré de salir con él uno de estos días.

Mientras el profe me devolvía mi deber comentándolo, Beslard me observaba. ¿Por qué? No lo sé, pero estoy satisfecho, ya que he creído descubrir en su mirada un poco de admiración. No le he hablado en particular después del otro día; será conveniente que nos veamos.

17 DE FEBRERO. Sin género de dudas, Malcoux es un cochino.

18 DE FEBRERO. He observado que todo esfuerzo verdadero me causa alegría. Cristián es dichoso, me lo dijo anteayer, a pesar de las contrariedades, o más bien a causa de las contrariedades. Lucha siempre y además de la formación de su carácter cosecha la alegría.

Si yo fuese más animoso sería más feliz.

21 DE FEBRERO. Vacación de martes lardero. Toda la tarde con Estanislao. ¡Bella tarde, espléndida tarde! El tiempo estaba magnífico y hemos podido pasear a lo largo de la costa y admirar el mar. Una vez más quería ir muy lejos a lo largo del acantilado para no ver casa alguna y encontrarme entre las rocas, muy cerca del agua, solo con Estanislao. Hemos hecho el loco en la playa; Estanislao ponía en equilibrio latas de conservas sobre grandes guijarros y cada vez desde más lejos nos ejercitábamos en derribarlas con el mínimo de municiones.

No hacía frío, hemos podido sentarnos y permanecer largo rato mirando el agua uno cerca del otro, silenciosos. Estanislao es en verdad poeta, tiene el gusto de la belleza; ha observado más de una vez el mar, lo ha escuchado, ya que me ha hecho comprender infinidad de cosas. No había jamás gustado hasta este punto la dulzura de la amistad... Parece que Beslard ha pasado por casa a buscarme.

Dinero: estoy casi sin blanca; me quedan apenas veinte francos. Hace un momento he pagado unos pitillos a Estanislao y de vuelta hemos tomado una bebida. No he querido que él pagase. ¡No me conozco! Tiene que haber sido la influencia de Estanislao.

22 DE FEBRERO. Esta mañana la Tutuna me ha llevado a la cama esta carta de Estanislao; la ha echado por la puerta.

«Daniel:

»No podría dormirme esta noche sin haberte dado las gracias por esta tarde que hemos pasado juntos. Creo en la amistad y me ha parecido que tú me ofreces la tuya. Excúsame porque no soy muy hablador, pero soy sensible y sé vibrar al soplo de una pura amistad. Que las olas del olvido no la recubran jamás. Puedes contar con mi afecto.

»Estanislao.»

Gracias, amigo Estanislao, tú puedes contar también conmigo. He releído tu carta diez, doce veces quizá, la sé de memoria, la guardo conmigo. Estaba seguro de que un día nos encontraríamos, estamos hechos para comprendernos y querernos.

POR LA NOCHE. Mamá no comprende nada. He tenido la mala idea de leer la carta de Estanislao varias veces delante de ella.

—¿Qué significa esta correspondencia? ¡Alguna cartita amorosa probablemente!

Como me ha dicho esto, no le he mostrado la carta y así ha quedado persuadida de que se trata de un flirteo. No haré nada para desengañarla, esto le enseñará a no juzgar a la ligera. No ha habido sermón, pero mamá no me habla.

23 DE FEBRERO. Estoy de mal humor, y para serenarme me pongo a pensar en Estanislao. ¡Algo que es bueno y que ellos no saben comprender!

24 DE FEBRERO. Cristián no sale de su asombro porque le he enviado a paseo:

—Pero ¿qué es lo que te pasa, Daniel? ¡Tú no estás bueno!

He intentado encontrar a Estanislao y no le he visto.

POR LA NOCHE. Cristián acaba de irse, quería los apuntes de su trabajo sobre el hambre. He comprendido que esto era un pretexto para verme; ha debido de sentirse triste esta tarde, pero su impaciencia en venir a verme me ha molestado. Sin embargo, le he referido mi disgusto con mamá. Nos hemos sentado uno junto al otro al borde de la cama.

—¿Y todo esto por una carta?

—Sí. Sin embargo, es gracioso, te lo aseguro; yo soy buen amigo de Estanislao. Toma, mira.

Me la ha devuelto sin decir nada de momento; parecía poco entusiasmado.

—Volveremos a hablar de esto si tú quieres; en todo

caso no te fatigues demasiado, tienes otras preocupaciones que atender. No me has dicho lo que has pensado hacer por la clase. Y ¿dónde está Beslard?

La verdad es que no he hecho todavía nada. Hablaré de esto a Pablito, Remigio, Juan Claudio; ellos me ayudarán a hacer alguna cosa.

… … … … … … … … … … … … … … … … … …

Esto va mejor. ¿De qué sirve molestarse por tonterías?

26 DE FEBRERO. Mamá ha venido a pedirme mis ahorros para la máquina fotográfiça. Estamos a fin de mes; los gastos del hospital no han sido todavía pagados. Ella se sentía un poco molesta por tener que pedirme dinero, y me ha asegurado que me lo devolvería en cuanto le fuese posible. En verdad ya no sé cuándo podré tener por fin mi máquina fotográfica.

28 DE FEBRERO. Malcoux, una vez más, destacaba en medio de un grupo. Cuando me acerqué le oí decir: «No, hay que preguntar a Daniel lo que piensa; no podemos hacer nada sin él, es un león…» Yo aparenté no haber oído y me acerqué con el semblante sereno.

—Mira, ahí lo tienes. Oye, Daniel: tenemos una idea genial. A ver qué te parece. En vez de hacer quinielas del fútbol, que no nos producirían nada, cada uno va a meter veinticinco francos en un sobre con los resultados.

Luego se hace el escrutinio y el que tenga más resultados gana el dinero, y deja cien francos para una caja común. Al final del año, los que han hecho apuestas participan en una merendona.

Esperaban mi respuesta para decidir. Yo estaba de acuerdo, pero he hecho ver que reflexionaba un poco antes de dar mi opinión: «¡Al pelo, muchachos! Pero hemos de hacer que todos participen en la apuesta.»

Quería ver a Estanislao; lo he visto subir con Pedrito. ¡He tenido que sudar!

1.º DE MARZO. Hay cinco que no se dejan convencer, el fútbol no les interesa; sin embargo, tienen dinero. He de verlos para convencerlos.

Cristián está de acuerdo; me ha felicitado el no haber estropeado una cosa que los muchachos han ideado por sí mismos, aunque sean Bigleux o Malcoux. «Es más importante así — dice él — y has de tomarlo a pecho como si fueses tú quien lo hubiese organizado.»

Pensándolo bien, creo que es preferible que sea Beslard quien trate de persuadir a Rolando para decidirlo, así también Beslard se interesará.

2 DE MARZO. He visto a Beslard, y le hablará a Rolando.

4 DE MARZO. Malcoux es un fresco, pero en verdad sabe dirigir. El asunto de las apuestas marcha gracias a él. Sin embargo, acaba de decirme: «Daniel, suerte que tú formas parte; sin ti no hubiese tenido éxito esto; no es frecuente poner de acuerdo a toda la clase sobre cualquier cosa.»

Nos hemos separado en la Plaza Thiers; tenía que esperar a su último amorío.

5 DE MARZO. Beslard ha hecho decidirse a Rolando. Me lo ha dicho esta tarde. Yo tenía prisa, pero he notado que él estaba contento de poder hablarme. Tras el primer esfuerzo he prestado atención, casi con placer. Yo he sufrido mucho por mi parte al no poder comunicarme con otros.

—Tengo todavía una de tus revistas, ya te la devolveré.

—Sí, no te molestes, no hay prisa.

—Es que el asunto me interesa, ¿sabes? Porque...

Parecía estar terriblemente cohibido.

—¿Por qué?

—Hay un problema en mi casa.

Hemos andado algunos pasos en silencio, tan cohibido el uno como el otro.

—Mi padre bebe.

Me he sentido enrojecer, pasmado por esta confidencia; es la primera vez que un muchacho se me confía de tal forma. Hubiera querido hacer algo, apoyar mi mano sobre su hombro, decir una palabra, no he sabido. Suerte que él ha continuado:

—A menudo, por la noche, cuando regresa, no viene como debería. Entonces la atmófera se sobrecarga, hay disputas y gritos; mis hermanos lloran. Muchas veces mamá ha pensado en marcharse; no lo ha hecho por nosotros. Yo quiero mucho a papá, es agradable, pero no tiene voluntad; creo que si yo valiera más podría ahora ayudarlo. Pero, por otra parte, me siento a menudo descorazonado. Por fortuna, tú, Daniel, estás aquí.

Le respondía balbuciendo:

—Ya sabes que tienes la seguridad de que puedes contar conmigo; no te dejaré jamás.

Ahora no salgo de mi asombro al haber descubierto de pronto de qué manera Beslard estaba conmigo. Sin embargo, yo no he hecho nada por él, si no es haberle escuchado dos o tres veces en sus conversaciones particulares. Me horroriza pensar que desde hace poco los compañeros cuentan conmigo para una infinidad de cosas. En primer lugar está Beslard, Malcoux que quiere siempre mi opinión, los muchachos de la clase en general, que no saben imaginar una actividad de conjunto sin mí. Se engañan, no soy el que se imaginan; sin embargo, no puedo echarme atrás, no puedo defraudar a un Beslard.

Estoy prisionero del personaje que me hacen representar. He de ir adelante, ellos me empujan.

A LAS 11 DE LA NOCHE. En la mesa, papá buscaba el medio de enviar a mamá a descansar a algún sitio durante las vacaciones de Pascua; la Tutuna la reemplazará durante este tiempo. Pienso en Beslard; tengo suerte de tener un padre como el mío.

Voy a pedir al Señor por Beslard... y por mí, tengo necesidad de ello.

Domingo, 6 de marzo. Misa estupenda. No comprendo, con todo, gran cosa de ello, pero me da la oportunidad de rezar.

Esta tarde un tiempo de perros como todos los domingos, evidentemente. La Tutuna me ha acompañado al cine. Yo estaba un poco descontento porque he encontrado a unos chicos; pero no saben que sea mi hermana, y como crece bonita y se arregla, sobre todo el domingo, no es demasiado desagradable.

De vuelta he trabajado duro en mi inglés.

7 de marzo. José está de regreso; su estancia en Saint-Nazaire ha terminado. No habiendo permanecido allí más que tres meses, ha logrado hacer ambiente de la JOC. Escuchándole pienso en Cristián; es de su misma condición, pero, claro está, en otro ambiente. Saldré el miércoles con él.

Naturalmente, ha venido a ver a mamá para saludarla, saber noticias y decir dos palabritas a Juan Pedro. Esta noche, durante la cena, mamá hablaba ya de José; no ve más que por sus ojos; en el fondo tanto mejor, yo salgo beneficiado. De camino para el colegio he ido con Estanislao, siempre tan simpático.

9 de marzo, por la noche. José me esperaba en el patio común con Bernardo, contento sin duda de haber encontrado a su gran amigo. Creo que le hubiese gustado mucho ir con nosotros al cine, pero a José no le gustaba ni a mí tampoco, ya que jamás he podido tragar a Bernardo. La película estaba muy regularcita.

Es tarde. Hemos estado hablando largo rato. Por lo regular es José quien habla; esta vez he sido yo.

Al despedirnos me ha dicho:

—Me das una alegría, Daniel; tú has cambiado mucho.

La verdad es que a ratos tengo esta impresión y me inquieta; sin embargo, esta noche estoy satisfecho de que José se haya dado cuenta.

10 DE MARZO. Ya que Cristián iba a su reunión, lo he acompañado para saludar al Páter, que no había visto desde hace tiempo. He merecido un puñetazo en la espalda:

—¡Aquí tenemos a nuestro amigo! ¡Te creía muerto! No está bien que me hayas olvidado así.

Solamente por esto volveré. Creo sinceramente que le causo una alegría yendo. Me he marchado porque llegaban Remigio, Bibi y los demás del colegio. Cuando me iba, un muchacho ha exclamado:

—¿Por qué no te quedas con nosotros?

Cristián ha protestado riendo:

—¡No, no! Es inútil molestarle.

Sin embargo, hubiera querido asistir a su reunión para ver qué era aquello.

Leyendo estas líneas me acuerdo muy bien de la brusca irrupción de Daniel en mi despacho. Yo estaba francamente contento de verlo de nuevo, ya que de él no tenía noticias más que por medio de intermediarios. Sin embargo, cuando intervino Cristián repentinamente para disuadir a Daniel de quedarse en la reunión, la aprobé en secreto. Me acuerdo de la cara contrariada de Cristián y lo oigo todavía oponerse enérgicamente al muchacho (ya no me acuerdo quién) que tuvo la mala idea de invitarlo. En pocas palabras bien dichas precisó: «No se invita a un muchacho a la reunión así como así, de la noche a la mañana.» Se produjo una discusión; él entonces explicó cómo desde el principio trataba de hacer mover a Daniel para que a través de su acción descubriese él mismo de un modo progresivo el sentido de su responsabilidad frente a sus compañeros y su medio ambiente. Un día, cuando Daniel por sí mismo sienta la necesidad de meditar juntamente con otros los planes de su acción, entonces podría asistir a la reunión.

Yo tenía plena confianza en Cristián y en su tacto de acertada experiencia en la vida.

Ya que no tenían necesidad de mí he acelerado el paso para encontrarme con Juan Claudio en la plaza Thiers.

Hemos sido invitados por el grupo de Biglieux para celebrar la trigésima hora de Castigo de Delpierre. La pobre Cristina [13] acabará por volverse loca. Nos hemos divertido de lo lindo.

12 DE MARZO. Mi deber de alemán no era más que un pretexto para ir a casa de Estanislao: tenía un gran deseo de verlo, de hablarle una vez más. De camino a su casa he visto a Beslard y casi no he tenido tiempo de cambiar de acera para dirigirme a la primera calle. Soy un bribón; hubiera sido mejor aceptar su entrevista, pero yo iba a casa de Estanislao y lo he evitado casi instintivamente.

En la habitación de Estanislao, en un desván, un rato delicioso. Estaba sentado sobre su cama; él en el suelo tocaba la guitarra, inclinado hacia delante, con la cara tocando casi las cuerdas del instrumento, que parecía como si acunase un niño. Con la vista perdida en la lejanía, inspirado, cantaba con su voz grave unas barcarolas yugoslavas. Hubiera querido permanecer allí largas horas, y para escucharlo mejor, me he tumbado sobre la cama, con la cabeza entre las manos. Me imaginaba partir muy lejos, hacia otro mundo, espléndido por lo desconocido. Yo no sé cantar ni tocar instrumento alguno y lo siento, me privo de unas horas deliciosas.

He regresado a casa bajo la fascinación del encanto de la música y de la amistad, pero los problemas de Cucú me esperaban aquí y me han llamado a la dura realidad. He tenido que hacer, como siempre, un esfuerzo terrible para ponerme a trabajar; sólo me interesa el francés y hasta pienso que este diario está para algo; me obliga a reflexionar, a expresar mis pensamientos, a mirar más de cerca mi vida, su cuadro y las personas que entran en juego.

DOMINGO POR LA NOCHE. Esta mañana misa a las ocho, ya que íbamos a pasar el día en casa de la abuela. Cuál

---

13. Camarera del Café Thiers, a quien todos los muchachos les gusta mucho llamar por su nombre de pila.

no ha sido mi sorpresa al ver a Cadinot comulgar; no sabía siquiera que frecuentaba la iglesia. Como estaba al fondo del templo, le ha sido necesario subir todo el pasillo central; yo sentía vergüenza por él; en su lugar me hubiera rajado. Sin embargo, me he propuesto la cuestión: será muy conveniente que vaya un día a comulgar. Me parece que ahora lo haré con más convicción; lo que más me fastidia es tener que confesarme.

De regreso de casa de la abuela, mamá me ha hecho notar que yo no tenía aspecto de buen humor; es verdad. Después he reflexionado sobre la causa de mi melancolía. No es por falta de cariño hacia mi abuela; por el contrario, la admiro y me parece inteligente, muy cerca de la juventud a pesar de su edad. Sin embargo, como se me ha antojado largo el día entero en su casa, sin quererlo, pensaba en el partido de fútbol, en el cine, en Juan Claudio, en la pandilla de Bigleux, hasta en Lucette; a pesar de toda mi buena voluntad, no podía evitar que deseara su compañía. A mamá, que adivina esta pena y no la tolera, hubiera podido hacerle saber que de vez en cuando, sin decirlo, suelo pasar por casa de la abuela, ya sé que esto le agrada a ella al mismo tiempo que a mí.

Para un muchacho de diecisiete años, un domingo es un tesoro que se ha de gastar con los compañeros y con diversiones de muchacho.

14 DE MARZO. Como el lunes anterior, Juan Claudio ha ganado el concurso de pronósticos: gana 275 francos. Me acuerdo que la última vez ganó 425. ¡Son ya seis los muchachos que no quieren apostar! Nada de extraño que Juan Claudio sea el gran acertante, compra «El Equipo» todos los días, se documenta en todas partes y acaba por tener un olfato extraordinario. Conociendo el nombre de todos los jugadores, su valer en tal o cual posición, prevé con seguridad el desarrollo del partido. Honor al saber, pero yo le envidio un poco por el dinero ganado. Él no lo necesita. Menos mal que yo estoy bien con él, me beneficiaré un poco de sus ganancias.

16 DE MARZO. Pereza habitual, acentuada quizá por el calor. Esta tarde, en el colegio hemos podido estar con la ventana abierta; el aire comienza a caldearse y su benignidad invita a un pequeño paseo. Pasando junto a los Precios Únicos no he podido resistir la tentación de entrar. Siento un placer paseando por delante de las estanterías, despacio, a codazos con la gente; la luz destellante reflejándose sobre los mostradores; el vestido blanco de las vendedoras, la música ruidosa perdiéndose en medio del barullo de los compradores, el olor tan característico, mezcla curiosa de perfumería, droguería, colmado, todo ello crea una atmósfera cálida, arrulladora, agradable para dejarse llevar. Cuando abro la puerta de Precios Únicos lo hago con una alegría especial; me aparta de las preocupaciones de las lecciones, deberes y demás cargas.

A LAS DIEZ Y MEDIA. Verdaderamente, tengo más inspiración para escribir en este cuaderno que para hacer los deberes. Lo que he anotado antes de cenar está bien; me doy cuenta de que tengo más facilidad para describir cualquier cosa que haya visto o soñado; prueba al canto de que la enseñanza que se nos da es generalmente absurda. Debería tomar su punto de partida de nuestra vida, con vista a dejar de lado ciertas materias que me parecen completamente sin sentido.

17 DE MARZO. En la línea de mis esfuerzos, voluntariamente he ido al encuentro de Beslard, ya que me pesa haberlo rehuido el otro día. Pasamos juntos una parte de nuestra tarde del jueves. Cansado de la atmósfera de su casa, salió para huir de aquel ambiente. Sus dos hermanas pequeñas no son más que unos manojos de nervios; el padre tiene su preferencia, no lo disimula: de ahí las querellas.

Una vez más Beslard parecía aliviarse a medida que me contaba sus cuitas, como si ya no pudiese soportarlas y tuviese que comunicármelas. No sé en qué clase de consejos me he embarcado ni por qué. Le he explicado que debía procurar permanecer lo más posible con su familia, porque tenía allí un papel que desempeñar. He debido ser persuasivo en gran manera, hablando con ardor, ya que él me escuchaba atentamente. Me ha agradecido los consejos, diciéndome que yo era para él un gran apoyo.

Beslard se desencantaría si supiese sobre quién se apoya.

Le aconsejo estar junto a su familia, cuando yo, a menudo, no deseo sino estar lejos de la mía... Desempeñó a la perfección mi papel de muchacho serio, me avergüenzo de ello, y, sin embargo, no quiero decepcionarlo, no puedo rehusarle la mano cuando él me tiende la suya.

Todos los muchachos me juzgan mejor de lo que soy. Para mí no hay más que una respuesta: tratar de ser por dentro como soy por fuera. Pero esto es harina de otro costal, sobre todo por lo que se refiere a la familia...

YA MUY TARDE. Es la verdad, represento un papel, y desde hace algún tiempo me siento cada vez más acorralado, como el actor empujado hacia las tablas no puede escapar de su público. Los demás me han visto, me observan; habré de continuar mi personaje hasta el fin. Bien mirado, no hay más que un poco de orgullo en mi actitud, pero es que me veo embarcado en una aventura que sobrepasa mis fuerzas, lo adivino confusamente. Quizá soy un necio, pero me pregunto si no será que Dios me invita al don de la entrega con todas estas solicitaciones de los muchachos.

No más pensarlo y escribirlo, tengo miedo de que sea verdad; con todo, aun temiéndolo, lo deseo.

¡Esta noche, Señor, en esta tranquilidad de la noche, si esto es verdad, te digo que sí! ¡Pero también ayúdame!

Tímida y temerosamente Daniel acaba de identificar a Dios con el trabajo de su vida. Si ha visto con claridad es porque ha hecho el esfuerzo de no mirar ya solamente por sí mismo, sino de mirar también por los demás. Con perseverancia le convendrá ser generoso para llegar a des-

cribir «Aquel» cada vez más y estrechar con Él vivos lazos de amistad. Pero como Daniel lo presiento ya, esto va a ser una cosa exigente.

18 DE MARZO. En casa han refunfuñado porque he regresado tarde. A decir verdad, no lo siento, acabo de tener con Malcoux una larga conversación acerca de las muchachas. Él me ponderaba los encantos de su Nicole. Yo le pregunté acerca de sus otros flirteos. Haya lo que haya de verdad en lo que él dice, es cierto, sin duda, que él ha ido mucho con chicas.

Para defender su postura ha comenzado por esgrimir todas sus razones gastadas durante el curso en el colegio:

—Hay que divertirse mientras se es joven... Antes de encontrar la muchacha con la que uno va a crear un hogar, hay que buscar, ensayar con otras... Uno sería bien tonto de no aprovechar la ocasión, etc...

Pero después de un buen rato de discusión él estaba menos seguro de sus argumentos, ya que yo le he replicado:

—Yo también quiero a las muchachas, pero no de la misma manera; una muchacha no es un juguete ni el amor es un juego.

En vista de que él no respondía nada, yo he atacado más directamente; quería hacerle reflexionar.

—Amigo Malcoux, ¿te has preocupado alguna vez por las que has abandonado? De todas ellas, algunas han debido de amarte o tomar en serio tus declaraciones. Y si dos o tres muchachos más se han portado igual que tú, ¿cómo quieres tú que éstas crean todavía en el amor?

Yo estaba en forma; a medida que le hablaba, los argumentos acudían a mí de una forma precisa, mucho más persuasivos que cuando yo trataba de exponérmelos a mí mismo.

Notaba a Malcoux inquieto; farfulló algunas palabras:

—Sí... Evidentemente... Es cierto...

Todo ello fue un poco la confesión de su derrota. Cuando nos hemos despedido, lo he contemplado mientras se iba, arrastrando los pies, la cabeza baja.

No era ya el Malcoux fanfarrón, seguro de sí mismo, al que estábamos habituados.

Será preciso que vuelva a verlo.

21 DE MARZO. Cinco muchachos han ganado las apuestas, los muy pillos. A Pedrito no le tocan más que los 25 francos que había jugado, ya que debe dejar 100. Todavía hay algo que falla. Es desesperante no hacer nada. Este mediodía se lo decía a Cristián, quien ha parecido no sorprenderse. Me ha preguntado por qué habíamos fracasado. «Porque, según mi opinión, Bigleux no se ha interesado más y los otros le han seguido.» Yo noto también una falta de preparación: lo que perdura no se improvisa jamás. Habría sido menester que hubiera habido un responsable por semana para recoger los fondos de las apuestas y controlar los sobres.

Colaborando en la organización, estos responsables hubieran sentido mayor interés.

—Es verdad — me ha dicho Cristián —. Estoy satisfecho, ya que la cosa no ha sido un fracaso en sí

—Trata, pues, de volver a establecer las apuestas...

—Las apuestas quizá no, amigo Daniel, pero tú has buscado las causas del fracaso, y esta reflexión misma es ya un éxito; tú lo completarás si tienes el cuidado de hacer reflexionar igualmente a los demás.

Francamente, Cristián es un optimista.

22 DE MARZO. Mañana por la noche, acompañado de Juan Claudio, Pablito, Remigio, Rolando y Estanislao he de ir al Pequeño Teatro para una conferencia, «Conocimiento del Mundo», acompañada de una proyección. Se trata de una expedición al Sahara, de la cual dos de los participantes harán uso de la palabra. He invitado a Malcoux, quien aceptó con gusto. Desde hace un tiempo se acerca a mí; no he de perder esta ocasión para contrapesar la influencia de su ambiente. Una noche por lo menos en que no callejeará por la plaza Thiers con no sé cuántas muchachas.

L'Auvergnat, una estupenda canción de Brassens. He puesto el disco varias veces para anotar algunas canciones. No se pierde jamás el tiempo acogiendo «al otro».

25 DE MARZO (en clase de alemán). Por milésima vez Zézette va a hablar con el director... ¡Menos mal que por la milésima vez Zézette se rajará! Lo más pintoresco de sus clases es que se desarrollan entre ella y Estanislao. Durante este tiempo podemos hacer lo que nos da la gana.

Escribo; resulta larga una hora, cuando es preciso vivir todos los minutos, unos después de otros, sin que ni uno de ellos pase inadvertido. Trato de dibujar a los compañeros, pero bien claro está que no tengo talento para eso, y lo siento; me gustaría pintar un gran cuadro que se llamaría: «Si me dijesen lo que es la clase de alemán», una «naturaleza muerta», naturalmente. Se vería a Bigleux con su nariz pegada al papel dibujando una mujer estupenda; a Rolando y a Pedrito a su lado y dándole consejos acertados; a Delpierre y a Pablito aplicados concienzudamente a su partida de juego; a Juan Claudio hojeando con cuidado *El Equipo,* del cual entrega una hoja a Cadinot; ha Remigio redactando su correo, y para completar el cuadro en medio de una buena docena de muchachos haciendo la siesta en las posturas más variadas, Beslard que bosteza hasta desencajarse la quijada, y a Malcoux que ronca, en alemán como conviene, con su gruesa voz gutural. Únicamente nuestro primero de clase, con su cara de intelectual de secano, teniendo a sus lados a los dos acólitos que se disputan los segundos premios, sigue con pasión el diálogo Zézette-Estanislao, tratando quizá de descubrir cuál de los dos es el profesor.

27 DE MARZO. He encontrado a Lucette al volver de misa. Me ha hablado correctamente; yo presentía que ella tenía algo que decirme. Al principio dudaba, luego repentinamente: «Daniel, ¿vienes al cine esta tarde?» No he sabido qué responder durante algunos segundos, sintiendo mis piernas temblar. Por fin he farfullado: «Quizá sí...

No sé... Si estoy libre... Espérame delante del café Héctor hasta las dos y media; si a esta hora yo no estoy allí, es que no iré.»

Tendido sobre mi cama llevo una hora torturándome el espíritu; siento unas ganas locas de ir, pero Lucette me ha decepcionado demasiado, ya no podría ser el mismo con ella. Sin embargo, creo que la amo todavía.

... ...

Sé que Cristián no estará de acuerdo, ni José, ni el Páter. Yo no quiero saberlo...

Juan Pedro me llama para comer, voy; veremos luego de la comida...

... ...

Mamá es terrible; cuando pasa algo anormal lo adivina inmediatamente. Me ha preguntado: «¿Tienes dolor de cabeza? No tienes apetito hoy.» He murmurado una respuesta ininteligible.

... ...

...Después de todo iré; el hecho de que salga de nuevo con Lucette no significa que todo vaya a comenzar de nuevo; vamos al cine como amigos, eso es todo...

... ...

El problema está en que yo no puedo ir al cine como amigo con Lucette. Ella intenta volver a atraparme, y yo sucumbiría sin duda alguna.

Desde esta semana pienso que me es conveniente orar, pero no quiero; esto sería ya escoger. Si pidiese al Señor que me echara una mano, Él estaría obligado a concedérmelo.

POR LA NOCHE. No he ido; la hora se ha pasado sin que yo pudiera decidirme. Me he encontrado solo, descontento de haber dejado escapar la ocasión, pero más todavía por no haber optado con toda conciencia.

Tarde larga y murria, en la que el mal sabor del fracaso se ha juntado con el pesar de no haber visto a Lucette. Novela, paseo solo, reportaje deportivo en la radio; jazz e incluso haber intentado trabajar en mi deber de francés, nada ha podido distraerme. Me he refugiado en mi cama, tanto como hace un año, llorando bajo la presión de una melancolía imposible de expresar.

DESPUÉS DE CENAR. Me siento mejor, obligado a reconocer que en definitiva todo está mejor así. Salir con Lucette era exponerme a volver a la vida del pasado, lo que no traería consigo otra cosa que amargura; suponía también dejar a los compañeros en favor de los cuales he comenzado a entregarme, o decepcionar a Cristián y quizá oponerme al Señor. Pero, en el fondo, me siento indiferente ante la decisión tomada; voy a pedir perdón a Dios por no haber sabido escoger.

30 DE MARZO. Remigio me cansaba con los últimos chismes de Cucú; no lo escuchaba. Pensaba sobre el problema de las muchachas. Desde la invitación de Lucette y mis titubeos vuelvo a pensar mucho en ello. Ciertamente es el problema más arduo de la juventud. A menudo me he preguntado si hay muchachos que pasan por este problema sin que los afecte, y me lo preguntaba por algunos como Remigio y Cristián, pero no me atrevía a resolver nada. Hace un momento se me han escapado las palabras que quemaban mis labios, ha sido involuntariamente:

—Dime, Remigio, ¿tú has tenido que ver con chicas?

Comprendo ahora su extrañeza; él estaba lejos de mi razonamiento, de la misma manera que yo estaba lejos de sus divagaciones sobre las matemáticas

—¿Qué es lo que te pasa, Daniel?

—Es que yo... pensaba en Malcoux.

—¿Las muchachas? Yo soy como todos; me interesan, las miro, algunas las encuentro bonitas, pero, a decirte verdad, no he querido jamás a una en particular.

Yo no respondía nada.

—¿Esto te parece extraño? Es enteramente normal, ¿sabes? Hay otros muchachos como yo y muchos cuentan más de lo que hacen. En sus conversaciones, sus sueños pasan rápidamente a ser verdad. ¿Qué no harán ellos para asombrar al público o simplemente por mostrar un aire de muchachos emancipados?

Nada de asombroso en el fondo; esperaba esta respuesta sin sospecharla ciertamente. Ahora heme ahí definido. Observaba a Remigio durante nuestra conversación; estaba muy tranquilo, no tenía ciertamente el aspecto de un tipo al que se considera inferior.

1.º DE ABRIL. Anuncio de los resultados de los exámenes en casa. Me esperaba algunas felicitaciones. De hecho, mis padres se han mostrado reservados: «No está mal; ha habido mejora. Esto prueba que cuando tú quieres, puedes. Hay mucho que hacer todavía; continúa en este sentido.»

Esto descorazona un poco; jamás me felicitarán con franqueza, temiendo sin duda hacer retroceder mis esfuerzos. Ciertamente yo no soy un as, con mayor razón en las materias en las que me falta una base; he perdido demasiado el tiempo y algunos huecos serán duros de llenar, pero estoy firmemente decidido a proseguir mi esfuerzo en el tercer trimestre.

2 DE ABRIL. Vacaciones. Me siento más ligero. Un poco de descanso no daña a nadie. Gozo de una manera indecible de esta oportunidad de esparcimiento; la perspectiva que tengo ante mí de quince días libres me proporciona una euforia no acostumbrada. Con frecuencia las vacaciones no consisten en otra cosa sino en estas pocas horas de perspectiva; las restantes no traen más que desilusión, tanto más cuanto que uno las había esperado con placer.

EN LA CAMA. Tan pronto como se ha marchado Cristián me he acostado. Al venir a decirme adiós él estaba seguro de que yo no lo retardaría mucho tiempo.

A él también le he planteado «la» cuestión. También

él se ha mostrado extrañado, y hasta ha vacilado visiblemente antes de responder, y, al principio, no ha dicho más que vulgaridades:

—Es normal a nuestra edad prestar atención a las muchachas. El Señor lo ha querido así. Él nos ha hecho complemento unos de otras y esta apetencia es una ley de la naturaleza que más tarde debe tomar forma en un hogar.

Me parecía que los papeles se habían invertido: Cristián parecía más molesto por la cuestión que yo.

—Pero ¿a qué vienen estas preguntas?

—Porque he sentido el amor y creo sentirlo todavía. Ahora domino más estas preocupaciones; sin embargo, basta una nonada para que todo se haga discutible y entonces me quedo inquieto, comprobando que el amor no es ciertamente una pequeña aventura que pasa, sino más bien «la» gran aventura de la vida.

—Te comprendo, amigo Daniel. Ya que me hablas francamente, te voy a confesar que yo también he sufrido atormentándome mucho tiempo. Quiero a una muchacha, ignoro si ella lo sabe; he resistido siempre el deseo de decírselo. No lo he hecho; al principio por timidez, un poco más tarde voluntariamente, para dejarla libre: yo era demasiado joven y lo soy todavía. He dudado mucho y he sufrido mucho hasta que oí hablar del amor en un círculo de estudios [14]. En este día adquirí la certeza de que el Señor no me pedía que ahogase mi amor, pero sí me convenía prepararme en silencio; sin dejar acaparar definitivamente mi corazón, demasiado pobre aún para darse sin recompensa, ni demasiado seguro de sí para merecer el don de otro. La verdad es que no sin dificultades he llegado a esta convicción. Las he pasado moradas, pero el Señor me ha ayudado; los demás también, ya que creo que es imposible mantenerse sin consagrarse al bien de los compañeros.

Me dijo esto con toda sencillez y mucho mejor que como yo lo escribo; hubiera querido poder anotarlo todo en aquel

---

14. Los jóvenes de la J.E.C., como los de todos los movimientos de Acción Católica, se reúnen de tiempo en tiempo, un día entero, para hablar acerca de su trabajo y discutir e informarse de los grandes problemas de los jóvenes.

momento mismo. De vez en cuando se paraba como si la confidencia le costase. Estábamos sentados uno al lado del otro en la cama; yo me había acercado a él; devoraba sus palabras. Al final, casi en voz baja, me susurró: «Daniel, tú eres el primer amigo al que he confiado estas cosas.»

Cristián es verdaderamente un amigo para mí. Hasta el momento presente yo lo consideraba un poco como un ser superior, lo escuchaba y seguía como a un hermano mayor. Esta noche he notado cómo descendía poco a poco a mi nivel, sin desmerecer por eso. Se ha hecho mi igual, mi hermanito, haciéndome partícipe de lo más íntimo de su alma. Ahora no es ya una especie de respeto admirativo lo que siento por él, sino amistad.

Ya no me queda más duda sobre la actitud por tomar frente a las muchachas. De la misma manera que estaba satisfecho de la reacción de Remigio, lo estoy de la de Cristián. Pero si bien es verdad que veo la solución por seguir, debo decir, francamente, que me siento aún muy débil para ponerla en práctica. Poco ha faltado para que el domingo no comenzase todo de nuevo. Yo no razonaría hoy así si el Señor no me hubiese interceptado el camino sin saberlo yo. Le estoy infinitamente agradecido por lo del domingo y por lo de esta noche, ya que es un regalo extraordinario esta amistad de Cristián.

He de ser capaz de mirar a una muchacha, de hablar con ella sin sentir congojas y aún más sin permitir que mi imaginación tropiece con pensamientos inmundos.

Objetivo: Ensayar de dominar y proteger mi corazón.

Daniel parece satisfecho de su pequeña encuesta. Ha comprendido que él no es un ser excepcional; porque otros, entre los que estima y admira, Cristián es un ejemplo, han tenido ya que resolver problemas sentimentales. Pero él ha comprobado también que todos los muchachos de su edad no pasan de un modo ineludible por las mismas dificultades y aventuras, sin ser, no obstante, unos «tipos menos cabales»; todo depende del medio ambiente en que ellos viven, de sus relaciones; de la educación que reciben de sus padres, pero

sobre todo de ellos mismos. Su temperamento, su sensibili-
dad y su evolución, su voluntad y el ideal que han adoptado
para su vida, hacen que obren de un modo diferente en sus
encuentros con las muchachas. Más o menos temprano todos
las sienten, todos se ven atraídos por ellas, pero no todos se
dejan inflamar el corazón. Esto es más cuerdo. Luchando
por fortalecerlo y mantenerlo disponible evitan otras luchas
más severas y a veces ciertos fracasos. Porque no todos
tienen la voluntad y la pureza tranquila de un Cristián, que
sabe ser dueño de sí y de su amor.

Yo creo que ahora Daniel ha comprendido perfectamen-
te: aventura o no aventura, es menester guardar su corazón
y prepararse para amar totalmente, para toda la vida. Pero
si es verdad que lo ve con toda claridad, ¿será capaz de
llevarlo a cabo?

DOMINGO, 3 DE ABRIL.   Hemos ido a acompañar a mamá
hasta el autocar; se va por unos días a casa de tía Magdalena. Yo pienso que no había que molestar a toda la familia
para llevar una triste maleta. De regreso, he dejado a
papá para ir a casa de Estanislao. Él se ha dado prisa a su
vez en dejar a su madre para ir conmigo a jugar al futbolín
en el Atlético.

No estaba mal la concurrencia de amigos. Discusiones
sobre los resultados deportivos, partidas de ping-pong, con-
sumiciones y regreso a casa sin problema particular.

Genoveva me ha detenido en el patio común:

—Juan Claudio ha venido a buscarte hace poco. Corriendo quizá podrías alcanzarlo.

No he querido fatigarme; mañana o pasado le veré.

4 DE ABRIL.   Para cumplir con Pascua es menester que
me confiese con más serenidad que el año pasado, pero no
veo muy bien cómo. Solamente el Páter puede comprender
todos mis problemas. Iré esta tarde.

POR LA NOCHE.   No valía la pena de estar tan decidido.
He pasado por delante de la casa y no he llamado. No sé

qué decir, cómo comenzar. En verdad que soy un caso lamentable.

5 DE ABRIL. Buena mañana con Estanislao, que ha venido a casa a verme. He escrito una larga carta a Cristián. Dentro de un momento bajaré a la ciudad para ver al Páter...

... ...

Lo he visto, pero no me he confesado... Hemos hablado del colegio; me ha preguntado acerca de mi trabajo y los muchachos. Parece estar al corriente de mi amistad con Cristián. Con suma facilidad le he explicado lo que yo trato de hacer por los compañeros.

—Es un buen trabajo, hijo mío. Continúa y haz intervenir al Señor en la empresa. Espero que de vez en cuando pienses en Él...

Creo que se ha dado cuenta de que yo había ido a otra cosa que a charlar y me ha lanzado un cabo. Me he contentado con manifestar mi conformidad de un modo evasivo, no teniendo, sin embargo, en mi mente más que mi petición: «Quisiera confesarme.» Mientras le escuchaba me la repetía. He creído varias veces que iba a formularla en voz alta; pero nada se ha escapado. Estaba furioso contra mí mismo, y me he encontrado en la escalera contrariado, humillado y, sin embargo, decidido a toda costa a volver a empezar mi carrera.

6 DE ABRIL. ¡Victoria! ¡Por fin...! ¡Y era tan simple! Yo me pregunto ahora por qué he tardado tanto.

Él me ha preguntado directamente: «¿Tienes alguna cosa que decirme, muchacho?»

—Quisiera confesarme.

—De acuerdo, hijo mío, siéntate.

Me sentía molesto, no sabiendo de qué modo colocarme. Me he sentado frente a él como la víspera y apoyado en su mesa. Él ha acercado su crucifijo: «Hagamos la señal de la cruz para empezar, si te parece, pensando en el Señor que está ahí, con nosotros, escuchándonos.» Después me ha impartido la bendición y ha vuelto de un modo sencillo a la conversación de ayer, interesándose por detalles acerca de mi trabajo escolar, los compañeros, mi actitud en casa, mis distracciones.

Yo, que estaba medio temblando y me disponía a recitar una enumeración llana, inspirada en el inevitable temario de los catecismos, he tomado ánimos, a pesar de que estaba un poco desorientado.

Él hacía que me detuviera de vez en cuando:

—¿Y tú que has hecho en esta ocasión? ¿Qué piensas de todo esto? ¿Has obrado bien? ¿Te preocupabas por ti o por el otro?

Me veía obligado a inspeccionar mi vida, a inspeccionarme a mí mismo; es lo que él intentaba:

—¿Ves tú, Daniel?, ahora que has depositado tu paquete, que lo hemos abierto entre los dos y que hemos especificado lo que él contenía, hay que distinguir la buena mercancía de la mala. De todo lo que acabas de decirme, ¿qué es lo que te parece anormal? ¿Qué es lo que no puedes ofrecer al Señor?

Él me ha ayudado a precisar y a que viera los puntos defectuosos. Jamás había prestado yo atención a ciertos detalles, sobre todo al espíritu que me animaba en tal o cual circunstancia. Yo imaginaba muy diferentes los pecados.

Me vi claramente a mí mismo cuando me preguntó claramente por la pureza, la honestidad, la lealtad; pero no insistió.

Me sentía turbado. Para mí eran aquéllos los verdaderos pecados, aunque en lo concerniente a la pureza yo no sabía exactamente cuál era su gravedad. Nadie me lo había dicho claramente. Hubiese querido hacerle una pregunta, pero sentía miedo de hacer el ridículo. Por otra parte, él continuaba preguntando ignorando probablemente mis dudas.

—¿Y a Dios nuestro Señor? ¿Le rezas alguna vez?

—Muy poco; lo olvido.

—¿Estás seguro? ¿Piensas en Él de vez en cuando durante el día?

—Sí, desde hace algunas semanas. Me parece que es Él quien me guía. Hay días que creo encontrarlo a través de un acontecimiento, un compañero. Quizá me hago ilusiones...

—Puedes estar seguro de que era Él. Se mueve en tu vida, tú lo ves pasar, lo reconoces. Dale los buenos días, dale las gracias, pídele consejo o perdón. A través de toda tu vida cada vez estarás más en contacto con Él y estrecharás una sólida amistad.

El Páter irradiaba alegría. En varias ocasiones me repitió:

—Estoy contento, amigo Daniel, estoy muy contento. Sabía que vendrías a confesarte, pero tenía miedo de que por tu parte solamente fuese una cosa de costumbre o simplemente el deseo egoísta de quitarte de encima un vago remordimiento difícil de explicar. Pero ahora salgo de dudas. *Dios ha entrado vivo en tu vida* [15].

He recibido la absolución con recogimiento; el Señor no me rechaza, yo soy su amigo.

... ...

Después de todo, me da lo mismo; le enviaré cuatro rayas al Páter para hacerle las preguntas que me intranquilizan. Que piense lo que quiera, pero yo me sentiré tranquilo.

7 DE ABRIL. Por primera vez estaba contento de ir a misa esta mañana, puesto que debía comulgar, y este paso representaba una verdadera etapa en mi vida, como si se tratase de una primera comunión. El Señor estaba muy cerca de mí y yo le hablaba como a un ser viviente. Desde hace tiempo Él estaba en mi camino, pero yo no lo había encontrado; todos los esfuerzos que yo hacía era Él quien me los dictaba, sino que yo no lo sabía. Ayer y esta mañana lo he reconocido, y lo he aceptado. Estoy loco de contento después de esta confesión y de esta comunión. En unas

---

15. Ha sido Daniel quien ha subrayado esta frase en su cuaderno.

pocas horas he descubierto mucho más que en muchos meses.

Comprendo ahora la religión; ya no es aquella ciega cosa enmohecida que me llegaba de muy lejos, aquellas costumbres a que me veía obligado a someterme a pesar mío; la religión ante todo es Él.

VIERNES SANTO. Fiesta rara en verdad. Con todo he meditado en Cristo, muerto por todos los muchachos que como yo esperan años antes de hacer un pequeño esfuerzo para salir de su crasa mediocridad, por todos los individuos a los cuales Él habla y que no oyen o que no quieren oir. Le he pedido la gracia de no volverme jamás atrás, ahora que he entrado en su amistad y he decidido trabajar por Él.

SÁBADO SANTO. En respuesta a la mía, esta carta de Cristián:

«Amigo Daniel:

»Tu carta me ha causado un gran placer. No la esperaba después de aquella larga conversación que tuvimos juntos. No valía la pena de darme las gracias por aquel rato bien pasado. Yo te debo tanto como tú me debes a mí.

»Sí, tú lo has comprendido bien; yo tuve que vencer mi repugnancia en confesarte mis dificultades. Si lo hice fue porque conozco tu amistad y la encuentro cada día más sólida. En consecuencia, creo que no hay verdadera amistad sin intercambio, aportando cada uno sus dificultades, hasta en el caso de que esta común empresa exija algunos esfuerzos. Yo pienso también que la amistad no es cuestión de sensibilidad y que no debe fundarse en la facilidad. A este respecto me permitirás una pequeña observación acerca de tus relaciones con Estanislao. Te había prometido, recuérdalo, hablarte de ello. Para mí es más fácil hacerlo por escrito. Francamente, yo no creo que tu amistad con Estanislao sea plenamente conveniente, al menos tal como es.

»No necesito decirte que no se trata de un impulso de envidia por mi parte, sino simplemente porque tengo miedo de que te desencamines. Temo que ames un poco a Estanislao como se ama a una niña, debido a su mirada, a sus cabellos, a su andar. Inconscientemente, sin duda, tú buscas en Estanislao el poco que en él hay de "niña", ya que tu sensibilidad busca este alimento. Como en muchos adolescentes te sentías satisfecho mientras tenías a Lucette; pero ahora esta sensibilidad pasa hambre. No es malo amar sensiblemente, pero hay que ir más lejos. Por otra parte, corres el riesgo de perder tu libertad. Yo sé que en ti no se da este caso, pero sé de ciertos muchachos, víctimas de una amistad demasiado sensible, que llegan a olvidar absolutamente a cualquier otro compañero; no tienen ya otro gusto, otro pensamiento que para el elegido, llegando a perder toda posibilidad de trabajo no importa sobre qué plan. De hecho, tan pronto como uno se da cuenta de que una amistad llega a ser exclusiva, que aleja las otras y aparta del deber de cada día, se vuelve mala. Una vez más estoy seguro de que éste no es tu caso, pero quería simplemente señalarte el peligro.

»Volveré el jueves por la tarde. No olvides guardarme una entrada para el cine como cosa ya prevista. Hasta pronto, mi amigo Daniel. Saludos, hermanito.

»Cristián.»

»P. D. — Te adjunto a la carta la oración que el Páter escribió para mí una tarde en que le había contado mis inquietudes y mis aspiraciones. Ya me la devolverás.»

... ...

Un poco molesta la lectura de esta carta. No hay que sacar las cosas fuera de quicio; quiero noblemente a Estanislao; no es un cuento. Me hago cargo de que para algunos una amistad demasiado sensible puede tener sus peligros, pero éste no es mi caso. Por otra parte el mismo Cristián lo dice...

....

Por la noche.   He de reconocerlo, hay días que cuando estoy con Estanislao no pienso ya en los demás. Por el contrario, cuando pienso en él me acontece que no tengo ya ganas de trabajar. Es curioso, nunca lo había reparado; Cristián me obliga a reflexionar, y quizá tiene un poco de razón.

Señor, ¡qué difícil resulta amar! Y pensar que algunos creen que basta con dejar que lata el corazón...

... ...

Amar
Plegaria del adolescente

Yo quisiera amar, Señor;
tengo necesidad de amar.
Todo mi ser no es más que deseo;
    mi corazón,
    mi cuerpo,
    se inclina en la noche hacia
    algo desconocido a quien amar.
Mis brazos baten el aire y yo no puedo asirme de un objetc
    de mi amor.
Soy solo y quisiera ser dos.
Hablo y nadie está ahí para escucharme.
Vivo y nadie está ahí para recoger mi vida.
¿Por qué ser rico y no tener a nadie a quien enriquecer?
¿De dónde viene este amor?
¿Adónde va?
Quisiera amar, Señor;
tengo necesidad de amar.
He aquí esta noche, Señor, todo mi amor baldío.

* * *

Escucha, hijo mío,
párate,

y haz en silencio un largo peregrinaje hasta el fondo de tu corazón.

Camina a lo largo de tu amor tan nuevo, de la misma manera que se remonta el río para encontrar la fuente,

y en el comienzo de todo, en el fondo de todo, en el infinito misterio de tu alma atormentada, es a Mí a quien encontrarás,

ya que yo me llamo Amor, hijo mío,

y desde siempre que no he sido sino amor,

y el amor está en ti.

Soy Yo quien te ha hecho para amar,

para amar eternamente;

y tu amor pasará por quien será otro tú mismo.

Es la que tú buscas;

estáte tranquilo, que ella está en tu camino,

en camino desde siempre,

en el camino de Mi amor.

Hay que esperar su paso,

ella se acerca,

tú te acercas,

os reconocéis,

ya que Yo he hecho su cuerpo para ti. Yo he hecho el tuyo para ella.

Yo he hecho tu corazón para ella, Yo he hecho el suyo para ti,

y vosotros os buscáis en la noche,

en «Mi» noche, que se convertirá en luz si me tenéis confianza.

Guárdate para ella, hijo mío,

como ella se guarda para ti.

Yo os guardaré el uno para el otro,

y ya que tú tienes hambre de amor, Yo te ofrezco a tus hermanos para que los ames.

Créeme, el amor es un largo aprendizaje,

y no hay varias clases de amor:

amar es siempre dejarse para ir hacia los demás...

* * *

Señor, ayúdame a olvidarme en favor de mis hermanos los hombres, a fin de que, entregándome, aprenda a amar.

... ...

Voy a aprender esta oración de memoria. ¡Es estupenda!

13 DE ABRIL. Mamá ha vuelto en el auto de las cuatro. El descanso ha debido de sentarle bien, ya que ha recobrado el color.

Esta vez, al preguntarme si ya había cumplido con Pascua, ha logrado su éxito. ¡Pobre madre! Debo de hacerla sufrir mucho, y estoy seguro de que ella me juzga más superficial de lo que soy. Bien es verdad que con los elementos de juicio que yo le he procurado no puede ella formarse una opinión... ¡Es curioso, uno habla con más franqueza a un amigo que a sus padres! Yo no me sé imaginar contando a mamá claramente mis esfuerzos para prestar más atención en los demás y encontrar más profundamente a Cristo.

15 DE ABRIL. Cristián me había dejado escoger la película; yo he preferido ver «El proceso», porque encierra un drama humano.

Escribo junto a la ventana. En la plaza, Genoveva, Liliana y todas sus compañeras charlan como unas loquillas; los muchachos juegan: tratan de tirar el balón de fútbol a los pies de las muchachas, y ellas están tan realmente absortas, que ni siquiera lo notan. Ellos trabajan en balde.

El sol brilla deliciosamente. Por tratarse de sus primeras salidas ha querido mostrarse bien cálido; baña la plaza con sus rayos bienhechores, acaricia la ropa tendida, salpica las fachadas y se insinúa en el interior de las casas por las ventanas tímidamente abiertas; el aire es suave y yo me lleno del buen olor de la primavera, asimilándolo tanto más cuanto que de tal modo se ajusta a mi renovación interior.

16 DE ABRIL. He recibido la respuesta del Páter. Está claro, es menester que sea puro para que mi amor sea verdadero.

Consigna: permanecer sereno y recuperar paso a paso el terreno perdido. Rogar al Señor y entregarme.

«Amigo Daniel:

»Perdóname por no haber respondido más temprano a tu carta; tú sabes lo atareado que estoy, es mi única excusa.

»Hiciste muy bien en dirigirme estas preguntas por escrito, ya que no te has atrevido a hacérmelas de viva voz. No te lo echo en cara, puedes creerlo; sin embargo, te suplico una vez más por todas que no tengas reparos en hablarme francamente de tus problemas de pureza; hay dos grandes condiciones previas para la victoria en esta materia: ver claro y hablar. Ningún sacerdote o educador, fíjate bien, *ninguno*, se asombrará al oírte hablar de esto. ¿Qué es lo que pensará? Si tú le hablas, dirá que tú eres animoso como no lo son los demás, que han tenido o tendrán las mismas dificultades que tú, sin tener el mismo ánimo para franquearse. Si no dices nada, pues que eres como los demás, pero que tienes miedo de hablar; y él sufrirá por no poder ayudarte y procurarte la paz. Luego te suplico igualmente que no te dejes señorear por estas dificultades; rara vez he visto a un muchacho triunfar atacando de frente. Continúa, por el contrario, dándote a los demás; poco a poco te olvidarás de ti y oirás cada vez menos las llamadas desordenadas de tu propio cuerpo. Pero volvamos a tus preguntas. Por lo menos tú vas al grano: "¿las faltas de impureza son pecado grave?; ¿el *flirteo* es un pecado?"

»Yo no podré ser tan preciso como tú en darte la respuesta. Voy a darte los elementos de una solución y hablaremos juntos para lo que respecta a tu caso.

»Has de comprender claramente que hay en la vida actos que son buenos o malos, según tengan o no en cuenta el plan del Padre, y nada puede quitar su valor o su perversidad, ni el mismo Dios, que no cambiará jamás su plan. Pero hay también quienes efectúan estos actos, y su responsabilidad varía según el conocimiento que tienen de la falta y el consentimiento de su voluntad.

»En lo que se refiere a la pureza, obrar directamente contra el plan del Padre es cosa grave. ¿Por qué? Porque es ir contra el amor y contra la vida. Reflexiona: ¿de qué sirven los órganos sexuales y los gérmenes que segregan? Para transmitir la vida entre dos en un acto supremo de amor. Cuando un muchacho busca sólo el placer y gasta inútilmente esta fuerza de vida, dime, ¿dónde está el don del amor y qué vida transmite él? Tú comprendes que la falta es igualmente grave cuando con una mujer, fuera del matrimonio o dentro de él, se busca el placer haciendo *voluntariamente* imposible la aparición de la vida. En uno y otro caso se abusa de la fuente misma de la vida, se mutila el amor. La impureza es, pues, el triunfo del egoísmo; el fracaso del hombre que no llega a amar o a prepararse para amar plenamente.

»Sin embargo, si las faltas de impureza son graves en sí mismas, no escapan a la ley general, *la responsabilidad de aquellos que las cometen puede variar mucho.* Algunos, cuya voluntad se ve empequeñecida por la fuerza titánica de una mala costumbre (que han dejado crecer por ignorancia), ven su responsabilidad atenuada. Faltas por sorpresa pueden igualmente ser cometidas sin que la voluntad consienta plenamente. Así, tú lo comprenderás, para saber si ha habido falta y para medir la gravedad de esta falta, hay que tener también en cuenta las circunstancias y la persona de cada uno. Lo que es grave, te lo repito, es que numerosos chicos como tú jamás hablan de sus dificultades; o bien se asustan creyéndose definitivamente condenados, o bien se habitúan a un mal, encontrando excusas en los cuentos estúpidos que se cuentan los compañeros.

»No te desanimes, Daniel, si lealmente te das cuenta

de que no quieres abandonar la lucha, sino, por el contrario, pelea hasta la victoria. Queda en paz: el buen Dios está cerca de ti y Él te ayudará. Sobre todo, continúa dándote a los demás.

»Es muy tarde; he escrito más extensamente de lo que quería. Si me lo permites responderé a tu segunda pregunta dentro de unos cuantos días. Gracias quiero darte por la alegría que me has dado acudiendo a mí; gracias también por tu confianza. Yo te aprecio mucho, lo sabes, amigo Daniel. Hasta muy pronto.

»El Páter.»

17 DE ABRIL. Una tarde de jazz en un ambiente Nueva Orleáns. Todo un grupo del colegio (once muchachos) nos hemos encontrado; casi todos habían llevado discos. ¡Qué desgracia!, el *pik-up* de Delpierre está falto totalmente de bajos. Nosotros hemos tratado de improvisar la batería y el contrabajo de un Lionel Hampton: cajas vacías, tapaderas de cacerolas, latas de conservas, cucharas, cajas de agujas y otros divertidos utensilios hicieron las veces de los instrumentos que faltaban, con exceso, porque no hemos sabido jamás en qué momento preciso se paraba el disco. Afortunadamente, estábamos solos en la casa y hemos podido aplacar nuestros nervios a nuestro gusto; yo no me he quedado el último y me he sentido dotado de una vocación de director de orquesta. Resultado del concierto: tres cucharas rotas, una caja desfondada y una tapadera que no servirá jamás para tapar nada...

Al volver he encontrado a Lucette, pero yo iba con el grupo de amigos; apenas la he mirado. Me asombra comprobar que hasta escribir su nombre y pensar en ella esta noche me dejan indiferente. ¿Mi amor hacia ella se habrá obscurecido?

20 DE ABRIL. Una vez más he tenido que dejar a Cristián para que se fuese a su reunión. Le he dicho que a mí también me gustaría participar en la J. E. C. Me ha respondido casi secamente:

—¡Pues bien, ya estás participando!

—¿En qué? No sé ni siquiera en qué consiste. ¡No he ido jamás a una de vuestras reuniones!

—La J. E. C. no es asunto de reuniones, es ocuparse de los compañeros. Tengo prisa, los muchachos me estarán esperando. Adiós, Daniel.

¡Estoy bien apañado! Bien se ve que no está deseoso de verme en sus reuniones. Sin embargo, me gustaría ver por mí mismo qué es lo que allí fabrican...

... ...

Voy a pedirle explicaciones; no comprendo por qué me aparta así, estando como estoy dispuesto a hacer las cosas seriamente.

21 DE ABRIL. He tenido que esperar a Cristián durante un buen rato. Luego he entrado inmediatamente en la cuestión:

—No comprendo nada de tu actitud de anoche; por otra parte, no sería la primera vez; en casa del páter hace algún tiempo un muchacho me invitó y fuiste tú quien rehusaste. Lo comprendí perfectamente. ¿Tú no me crees, por tanto, capaz de ir con vosotros?

—¿Tú estás dispuesto a participar en los trabajos de la J. E. C.?

—Sí.

—¿Por qué?

—Porque yo también trabajo por los compañeros, pero lo hago completamente solo en mi rincón, y es trabajo que cuesta; trabajar con los demás sería más fácil y más eficaz.

—De acuerdo, amigo Daniel; ven, pues.

Me sorprendió tanto su consentimiento inmediato como sus reticencias de antes. Pero esta vez Cristián parecía estar contento.

—Sí, puedes venir con nosotros; has comprendido. Temía que me pidieses ir a las reuniones para encontrarte con compañeros o solamente para discutir. Los que vienen con esta intención no son más que un peso muerto para el grupo. No se viene a nosotros para «cambiar impresiones», *se viene para unificar el trabajo realizado, juzgarlo bajo la mirada del Señor y decidir en conjunto lo que se va a hacer.* Mira, dicho de otra manera: la reunión no tiene razón de ser si no ha habido entrega de uno mismo durante toda la semana que la ha precedido. Lo has comprendido antes de que te lo explique. Por eso estoy contento.

Yo sé de otro que estará también contento de verme: el Páter. Y, sin embargo, jamás me habló de esto.

Cristián ha abierto un hueco importante en mi vida. Repasando las últimas páginas de este cuaderno, he podido darme cuenta de que lo he nombrado muy a menudo y para cosas importantes. Al fin y al cabo no ha robado este lugar. Lo aprecio y por esto me interesa la opinión que pueda merecerle.

... ...

Acabo de leer por tercera vez la segunda carta del Páter. Sí, yo era sincero con Lucette, pero me doy cuenta ahora de que el juego era peligroso; tuve el desacierto de dejar que se inflamara mi corazón.

«Amigo Daniel:

»He ahí por fin una respuesta a la segunda pregunta: "¿el *flirteo* es un pecado?" Hemos de ponernos de acuerdo antes que otra cosa sobre la definición de flirteo. Flirteo es *entretenerse* con el propio corazón (sensibilidad) y el corazón de una muchacha *a sabiendas* de que esta aventura no acabará en un amor verdadero en el seno de un hogar. Se juega al amor por pasar el tiempo, para experimentar algún placer sensible (y hasta sensual) y para poner a prueba las dotes de seductor. Como la impureza del cuerpo, también esta impureza del corazón es mala, ya que ahí todavía el hombre aparta de su verdadera dirección las fuerzas de afecto y de ternura que el Padre ha puesto en el corazón de los humanos. Se trata también de un fracaso del amor.

Para un muchacho *que se da cuenta de esto, y a pesar de todo acepta* este mal juego, es pecado.

»No tengo necesidad de ser un gran psicólogo para comprender que tu segunda pregunta esconde una tercera: "¿He obrado mal yendo con Lucette?" Me parece que podrías responder por ti mismo después de lo que he dicho más arriba. Yo no dudo de tu sinceridad, amigo Daniel. Sin duda no has amado a Lucette por deseo de juego. Pero, desgraciadamente, no has encontrado a nadie que te aconsejara. No eres culpable, salvo quizá de no haber sabido vencer tu timidez para hablar a José, a mí mismo o a otro.

»Tú sabías, sin embargo, que en esto hallarías en gran parte tu remedio. Y, además, en este amor te has buscado a ti mismo y toda acción de egoísmo desagrada al Señor. En fin, seguramente comprendías que cometías con ello alguna imprudencia y que, si al principio no hacías nada malo podías muy bien un día u otro ser arrastrado al mal.

»Guarda ahora tu corazón, mi querido hijo; acrecienta tu fuerza de amor; sé puro lo más posible de cuerpo y sentimiento. La Pureza (con mayúscula) es la conquista del verdadero amor.

»Te reitero mi amistad, Daniel.

»El Páter.»

23 DE ABRIL. Poco a poco uno llega a sus fines: ahora tengo mis 250 francos del domingo. Mamá me ha devuelto el dinero que me debía de mi caja «aparato fotográfico». Debo continuar mis economías para comprarlo antes de las vacaciones de verano.

Mañana acompañaré a Juan Claudio (con el que no he salido desde hace mucho tiempo) al fútbol; él está ahora en el primer equipo *junior* y suele asistir a la escuela de fútbol, de la que es uno de sus instructores. Si él quisiese podría trabajar entre los de su medio: un número cada vez mayor de muchachos frecuenta la escuela y el ambiente no es precisamente satisfactorio, pero él no ve más que el deporte.

DOMINGO (Medianoche). He acabado mi deber de matemáticas. La verdad es que yo no seré jamás un matemático... No entiendo nada de álgebra ni jamás he entendido nada. Imposible ahora ponerme a la altura de lo que he perdido. Un día monótono en exceso. Es menester que rece.

26 DE ABRIL. Mi hermanito estaba de buen talante esta tarde; hemos charlado. Yo converso poco con mi hermano: estamos con frecuencia demasiado juntos para poder tener una verdadera intimidad. De hecho, vivimos uno al lado del otro; pero no conozco nada de su vida, menos aún aquello que adivino. A menudo, al verlo dormir, he pensado que él debe de ser más reposado de lo que yo fui a su edad. Su camaradería con Bernardo debe ser ciertamente un elemento de equilibrio. No se separan y, además, como Bernardo es muy amigo de José, lo escucha como si fuese la verdad personificada; Juan Pedro se aprovecha de ello. Es lo que me ha faltado a mí; mi mayor sandez es haberme encerrado en la soledad sin tratar de salir de allí, sin pensar siquiera que podía salir. Cuando tenga hijos será menester a toda costa que les cree un clima tal de simplicidad en casa que puedan contar todas sus cosas sin miedo de verme escandalizado o intranquilo. ¡Debe ser apasionante ser educador, pero es cosa difícil!

27 DE ABRIL. Primera reunión: impresión favorable. He encontrado a Bibi, de matemáticas elementales; a Cristián, de primero; a Remigio y a Pedrito, de mi clase; yo esperaba esta reunión. De matemáticas elementales he visto todavía unos chicos a quienes no conozco: Segrand, Peter, Phil Drake (ignoro su apellido); por el contrario, ya había visto a Loutrideau; es simpático con su carita de niño sobre su gran cuerpo que ha crecido con demasiada rapidez. En cuanto a Lesack, de primero, igualmente desconocido. Los muchachos me han acogido bien; Cristián me ha presentado a su manera: «Daniel, un antiguo hermano mío, mucho más tonto de lo que parece, inventor de la escritura "panorámica", campeón de ping-pong, verdugo de cora-

zones, capaz de verse en la escuela maternal si continúa sus brillantes esfuerzos durante algunos años. Bromas aparte, Daniel es un tipo agradable, ya lo veréis, y ha trabajado ya.» Dicho esto, los cigarrillos han dado la vuelta (quiero decir los del Páter, ausente en aquella ocasión).

Bibi dirigía la reunión. Es un muchacho de aspecto de Hércules, especie de fuerza de la naturaleza, mal afeitado, mal peinado; de anchos hombros y que se balancea pesadamente como un oso cautivo. Pero he podido apreciarlo: parece que se trata de un tipo sensacional, cuidadosamente disimulado por una cierta timidez, es decir, la modestia cuando se trata de hablar de él. Sin embargo, de un modo sencillo ha dado cuenta de su semana hojeando una pequeña agenda donde cada día había anotado el trabajo realizado. Me imagino que debe de ser algo semejante a mi cuaderno, pero con menos detalles. Los demás dieron cuenta de lo suyo, más o menos interesante; luego discutieron animadamente acerca de un caso de alboroto fracasado en primero. ¿Habría que tomar parte? ¿Con qué espíritu?

Yo tenía miedo de que me pidiesen que hablase, y dejé escapar un suspiro de alivio cuando Bibi, habiendo interrogado a mi vecino de la derecha, se volvió hacia el de la izquierda: «¿Y tú, Pedrito, tienes algo nuevo?» Pedrito no tenía nada.

De regreso a casa, Cristián debía decirme que lo hacían así en cada reunión, una panorámica sobre la semana transcurrida, lo que ellos llaman «la revisión de vida». Normalmente, el Páter tendría que estar allí, ya que con él deben juzgar esta acción de un modo digno de cristiano. «Si quieres — me dice Cristián —, uno se hace esta pregunta: ¿Cristo está de acuerdo? ¿Qué hubiera hecho Él en nuestro lugar? El Páter nos recuerda siempre que el más pequeño esfuerzo hecho por los compañeros es ayudar a Cristo en su misión sobre la tierra.»

Después de esta revisión de vida los muchachos discutieron sobre el problema de elección de carrera y la mejor manera de interesar con él a la clase. Decidieron proponer una encuesta: ¿cuál serían las orientaciones que cada uno tomaría después del bachillerato? ¿Cuáles han sido los criterios de la decisión? ¿Hay algunos que no hayan hecho todavía elección?, etc...

Montaremos un gran cartel donde colocaremos los resultados y una documentación sobre las diferentes carreras posibles. Lesack debe escribir al B.U.S. [16]

La discusión se ha extraviado varias veces; hemos quedado de acuerdo en la cuestión de no obrar a la manera de unos policías, llevando la encuesta lápiz en mano. Hay que discutir con los muchachos, hacerles comprender la necesidad de prestar atención desde ahora a su porvenir y, sobre todo, no buscar solos, sino procurar interesar al mayor número posible. Es cuestión de crear todo un ambiente.

Antes de marcharse, Bibi ha pedido que rezáramos juntos un padrenuestro. Varios muchachos han comunicado intenciones, Bibi las ha resumido, añadiendo: «Decíamos hace un momento que hay que interesar a los muchachos en el asunto, ¡hay que interesar también al Señor! De lo contrario, nuestro trabajo será humano.» Dicho por otro me hubiese parecido una fórmula tonta; pero manifestado por Bibi se me ha antojado valiente.

En la próxima reunión celebraremos una sesión religiosa. Después de varios ensayos prefieren alternar; encuesta-sesión religiosa, para tener más tiempo que dedicar a ello.

En cuanto a mí, voy a hablar con Beslard, Malcoux, Bigleux y con los demás muchachos de su pandilla.

29 DE ABRIL. He dicho a José que he ido a la J. E. C. y que hemos lanzado una encuesta acerca de las profesiones que seguir. Me ha preguntado mucho, ya que, dice él, es cosa muy importante; gran cantidad de muchachos salen del colegio y no encuentran trabajo. Lo mismo les pasa a los que continúan sus estudios en el bachillerato. En la J. O. C. este año han estudiado el paro forzoso, y el problema de los desplazados, es decir, de aquellos que tra-

---

16. Oficina (bureau) universitaria de Estadística.

bajan lejos de donde viven. Para el mes próximo han de acabar su trabajo llenando unos referéndums y dando a conocer el resultado en el curso de un gran mitin. Bernardo comienza a participar en el trabajo.

30 DE ABRIL. De Cristián, hace un momento, en el curso de una discusión: «No hay que ser militante sólo en el colegio, sino en todos los aspectos de nuestra vida; en resumen: en la familia, en el barrio, en las diversiones...»

1.º DE MAYO (a las 6 y media de la tarde). Me he ganado el derecho de descansar. Es preciso que haya cambiado para haber estado trabajando sin descanso toda una tarde del domingo.

Por desgracia, no es frecuente realizar semejante esfuerzo por las buenas. Como soy joven, no he aprendido a concentrarme y no soy capaz de fijar largo rato mi atención en un trabajo.

Pensándolo bien, la indicación de Cristián me ha dado una idea: he descuidado mucho mi barrio y, sin embargo, debo tomar igualmente a mi cargo todo un sector de vida. En realidad, no tengo más relación que con Juan Claudio y José. Pero he sido compañero de colegio de la mayor parte de los muchachos de aquí; en la plaza he jugado con casi todos ellos y continúo viendo a muchos. Hace un cuarto de hora he visto a Déhais; es un sujeto a quien no digo ni siquiera adiós, y sabe Dios lo compañeros que hemos sido. ¡Cuántos tiragomas no hemos fabricado y cuántos timbres de puerta no hemos tocado juntos! Precisamente con él, al regresar del colegio de primera enseñanza, fumé mis primeros cigarrillos; también los dos, un día, nos dejamos atrapar en el momento que cambiamos de buzón las cartas de los buzones del paseo del 55. Ahora él va al Centro anexo del Colegio Técnico, sale regularmente con sus compañeros de buenas familias. De hecho, he prescindido de todos; la ruptura se produjo de un modo insensible desde que yo entré en el Colegio moderno. Como los demás no me preocupan lo más mínimo, no los he tenido en consideración. Trataré de reanudar las relaciones.

Primer objetivo: Déhais, ya que él está más cerca de mí por el pasado.

… … … … … … … … … … … … … … … … … …

Mirar por los compañeros, preocuparme de su medio ambiente *es ya comprometerse*. Por esto es tan cansado e inquietante mirar por los demás.

3 DE MAYO. No me han dado mi libro. «Con un libro no se aprende la J. E. C. — me ha dicho Cristián —, sino en la vida.»

Siento sencillamente no haber participado en la jornada de estudio de noviembre. A causa de los nuevos han vuelto a repasar los principios fundamentales. Juan Miguel seguramente anotó lo esencial; en la reunión escribe siempre (de ahí su apodo de Bic); le pediré sus apuntes.

4 DE MAYO. Reunión. Yo he aportado mi problema «barrio» y he notificado mi decisión de tomar contacto con Déhais. Sobre la encuesta no se ha hecho nada; el mismo Lesack ha olvidado de escribir al B.U.S.

Sesión religiosa acerca de la idea central extraída del folleto-programa: «Si nuestro cristianismo nos lleva a replegarnos dentro de nosotros mismos, es falso; si nos empuja imperiosamente a comprometernos al servicio de los demás, es verdadero.» Hemos buscado juntos los textos del Evangelio donde Cristo invita a sus discípulos a la acción. Me quedé escuchando porque jamás he metido la nariz en el Evangelio y no conocía más que los pasajes leídos el domingo en la iglesia.

De la parábola «la levadura en la masa» me he quedado con esto: la acción no es una técnica en su comienzo, es una *presencia* en el medio donde uno se desarrolla. Pedrito ha dicho: «Nuestros razonamientos marchan perfectamente, a menudo como buena batidora para hacer mahonesa, pero... fuera del cuenco.» El páter le ha dicho:

«Presencia, sí; pero presencia de Cristo a través de nosotros; de lo contrario, no aportamos nada a los muchachos de nuestro medio.»

5 DE MAYO. No es nada fácil eso de pensar siempre en los demás. Si me hubiera mostrado generoso hace un momento, me hubiese quedado con Malcoux y su pandilla. Iban al «Rex»; la película no me interesaba, y yo he preferido esquivarlos para poder ir al «Edén», perdiendo así una ocasión de pasar una tarde con los muchachos de la plaza Thiers. Hay veces que me echo para atrás, dudando sobre la actitud por tomar a mitad de una algazara, sobre todo con las muchachas. Esta vez he rehusado por egoísmo. He ahí lo que ha de permanecer siempre constante en mi actitud con el Señor; esta noche lo veo claramente; esta lucidez me causa placer, pero cuanto más veo más descubro al mismo tiempo cuánto exige de mí: el barrio, la clase, las mismas diversiones, todo entra ahí. Ya no es posible cerrar los ojos.

... ...

He pedido perdón al Señor por mi falta de generosidad, por mis dudas, y he mendigado un poco de ánimo.

6 DE MAYO. Zézette, dramática, me ha mostrado la puerta con su índice tembloroso. Me importa un bledo, los muchachos se han divertido.

No entiendo nada de su pregunta de alemán, me he dirigido en voz alta a Estanislao: «¿Qué ha dicho?» A ella no le ha gustado en absoluto, y menos todavía cuando declaré con descaro señalando a Estanislao: «¡Es mi intérprete!» Lo más peliagudo es que he de pedir una nota escrita al encargado de la disciplina, sin contar que «es igual, se lo diré al director».

Sentado en la escalera, he podido hojear los apuntes de la última jornada de estudio: Remigio me los había dejado. No lo he entendido todo. Tendré que mirarlos más detenidamente y habré de preguntar.

Dobladas en cuatro pliegos y medio rotas, las he encon-
trado en el cuaderno azul. Están escritas de puño y letra
de Daniel, quien ha debido copiarlas a su vez. Las pongo
aquí, ya que he decidido hacerte ver lo que ha influido en
Daniel y en su evolución.

Si las lees, tendrás una pequeña idea de esta JEC de la
que él habla desde hace algún tiempo. Comprenderás
por qué se vincula e ella cada vez más. Lástima solamente
que haya escogido un momento de castigo para leerlas y
reflexionar sobre ellas.

¿Qué es la Acción Católica?

Se relaciona directamente con la misión de Cristo y
de la Iglesia.

¿Cómo?

a) La misión de Cristo: trabajar por el advenimiento
del reino de su Padre: «Padre nuestro..., venga a nos el
tu reino *en la tierra como en el cielo»*, es decir, que todos los hombres son sus hijos y, por lo tanto, hermanos
en Cristo; que «todo» (personas y cosas» está reunido en
Cristo, las cosas del cielo y las de la tierra (san Pablo).

b) La misión de la Iglesia: es la de Cristo continuada
por el papa, los obispos, los sacerdotes y los cristianos, con
él, en él, por él.

Por lo tanto, la Iglesia, en «estado de misión» guiada
por el Espíritu Santo, busca siempre los mejores medios
de establecer el reino del Padre. Está atenta a la vida, ya
que en la vida ha de introducir la levadura (aquí discusión
y marcha en común para descubrir a través de la historia
de la Iglesia su esfuerzo siempre renovado de evangelización).

c) Hoy la Iglesia inventa la Acción Católica, una
verdadera revolución de nuestro tiempo, pero que no está
todavía más que en sus principios. Parte de dos hechos
comprobados:

1.º (sociológico): Los hombres no viven ya solamente
ni están ya únicamente influidos por el sector geográfico

(barrios, pueblos)...), los «ambientes» se han constituido por encima e independientemente de estos sectores (el ambiente obrero, estudiantil). Estos ambientes imprimen al hombre un carácter cada día más acusado.

2.º (psicológico): La humanidad, habiendo llegado al estado de «adulta», domina cada día más el mundo y toma en sus manos la responsabilidad de su construcción. Sólo dentro de un mismo ambiente, de igual a igual, los hombres pueden influir eficazmente, «el semejante por su semejante».

d) Respuestas de la Iglesia ante estos hechos:

1.º En lo sucesivo no evangelizará ya simplemente los sectores geográficos (la parroquia adaptada a los pueblos, a los barrios), sino también los ambientes de vida (Acción Católica especializada: la JOC, para el ambiente obrero; la JEC, para los estudios).

2.º No es ya solamente la jerarquía quien dirigirá la evangelización de los ambientes, *sino que los seglares, llegados al estado de adultos en la Iglesia, compartirán la responsabilidad de esta evangelización.* De este modo, nosotros estamos encargados oficialmente por la Iglesia de todo el ambiente estudiantil.

Algunas notas tomadas durante el curso de la discusión

Sí, todos los cristianos tienen un deber de apostolado, pero el militante de AC está «encargado oficialmente por la Iglesia» de esta tarea. Es un «encargado de negocios», un embajador.

La encomienda de la AC (su cargo oficial) es dado por la Iglesia al *Movimiento.* El militante debe obrar en el Movimiento y con él. El Movimiento le delega esta encomienda por la «afiliación».

Ser militante de AC no es obrar sólo individualmente en las demás personas, es obrar *en equipo, en Movimiento en el ambiente, las estructuras,* todo lo que hace un «medio ambiente».

Transformarse y transformar a *las personas,* transformar los medios ambientes.

El Espíritu Santo es quien ha fundado la Acción Católica. El Equipo de AC es oficialmente una célula de la Iglesia en tal o cual medio ambiente.

7 DE MAYO. Reprimenda del Encargado General de Disciplina. Me ha dado un rapapolvo. He estado de una incorrección y de una falta de educación tales que me expongo a una expulsión en caso de reincidencia; no soy más que un bromista que no pienso sino en alborotar, hacer reír a los demás en provecho propio, cuando soy un alumno nulo en la clase, etc...

Esta aventura me ha desmoralizado para todo el día; he vuelto a tener la tristeza de antes. Soy muy sensible al menor obstáculo. No merecía una rociada así. Estos enjuiciamientos hechos, estereotipados, que uno saca a relucir siempre en las mismas ocasiones, sin tener en cuenta a la persona que uno tiene delante, en los que no se ve ningún esfuerzo de comprensión, sino más bien una antipatía de principio, me han exasperado y asqueado siempre. Yo sé que es difícil para un encargado de disciplina conocer a setecientos individuos. Sin embargo, advierto que nosotros somos, con demasiada frecuencia, seres anónimos.

8 DE MAYO. Me recupero: de hecho he de vigilar para no dejarme abatir con demasiada facilidad; pierdo en ello las fuerzas y el tiempo. El día de ayer no lo he «vivido», lo he soportado, sin darme cuenta de él, los brazos caídos como un muchacho que sigue la marcha de la fila.

Para mí también hay numerosos muchachos que son seres anónimos; vivo cada día con algunos y la mayor parte no son más que individuos que se mueven a mi alrededor sin interesarme. Debo hacer el esfuerzo de abrir los ojos para verlos e ir hacia ellos para que ellos sean «alguien» para mí.

Todavía no he hablado con Déhais.

11 DE MAYO. Beslard es en verdad difícil de seguir: se expresa lentamente y sin precisión. Varias veces he es-

tado a punto de interrumpirle, pero he logrado reaccionar y no he orientado la conversación más que cuando hemos llegado al trolebús. No sabe todavía lo que hará el día de mañana; dice que tiene tiempo de pensarlo. Me he esforzado en hacerle ver lo conveniente que es tener una idea en la mente para trabajar con ánimo y eficacia. La elección no debe depender, por otra parte, únicamente del gusto, sino que también hay que tener en cuenta la capacidad y las demandas posibles. Él ha añadido: «Y sobre todo los medios económicos de que uno dispone... Muchos compañeros no podrán hacer jamás lo que desearían hacer y lo que sería deseable que hicieran.» En esto estoy enteramente de acuerdo.

Hemos dejado pasar tres trolebuses. He incitado a Beslard a hablar del problema con los otros muchachos de la clase.

12 DE MAYO. Ayer por la noche, reflexionando en la cama antes de dormirme, he comprobado con disgusto que delante de Beslard había sacado a relucir argumentos invocados a menudo por los padres. Yo tampoco sé lo que haré el día de mañana; ellos me lo han reprochado demasiadas veces y yo he replicado que tenía tiempo para pensarlo y que esto era solamente cosa mía. Estoy prisionero en mis propias redes, y con la espada apoyada en mi costado me veo obligado a pasar por donde he rehusado pasar tantas veces.

... ...

Sin embargo, no me siento todavía con fuerzas para desdecirme públicamente de mis enjuiciamientos, sobre todo en familia. Sé que de ahora en adelante tendré que jugar sobre este terreno la partida más dura. ¡El día que la gane seré un héroe!

15 DE MAYO. En la escalera me he cruzado con Déhais; él iba probablemente a casa de Genoveva. Esta vez me «he preparado» y le he dicho «buenos días». Dos peldaños

más arriba se ha vuelto y me ha lanzado un «¡adiós!» con un aire de extrañeza y ha continuado subiendo los peldaños de cuatro en cuatro. Es un tipo gallardo, comprendo que guste a Liliana, con su cabello siempre impecable, lustroso, largo y peinado hacia atrás, cuidadosamente recortado y redondeado sobre la nuca. Como tiene la talla maniquí, sus trajes le caen perfectamente bien; en su flexibilidad un poco ondulante debe residir el interés que para muchos sienten las muchachas. Aprovecharé las próxima ocasión para repetir mi gesto.

Ya tarde, después de comer, he bajado hasta el mar en bici. Me hice a la idea de estar solo, y he quedado sorprendido al ver el gentío que se paseaba, aprovechando esta suave tarde de primavera. He tenido que amarrar la bicicleta allí donde acaba el bulevar para poder pasear sobre la arena. Hay que ir lejos ahora para escapar a toda vida humana y no ver las galerías de las casas. El cielo estaba claro, sin nubes, todavía iluminado un poco en el horizonte por el sol desaparecido hacía un momento. Siempre me han afectado esos colores indefinidos que pintan el cielo del rojo al gris, pasando por el malva raro y el azul pizarra. Pero he permanecido tranquilo delante de este espectáculo. Todavía el año pasado un crepúsculo, una cálida tarde, una música lejana me trastornaba durante horas enteras. Parece que me voy equilibrando.

No, no lamento mi vida presente, mis decisiones, mis esfuerzos, que me han aportado más la paz que todas mis búsquedas egoístas de emociones, de placer, de satisfacciones de toda clase. Me perjudicaba y estoy persuadido de que hago mejor esforzándome en olvidarlo. Sin embargo, estoy contento de haber pasado por ahí; creo que comprenderé más a los jóvenes y que no me extrañaré jamás de sus sufrimientos. ¿Sabré librarlos de ellos? Lo deseo, porque en eso está el secreto de su éxito.

Lo que me pesaba más era el sentimiento de la inutilidad de mi vida. ¿Cuántas veces no me he hecho la pregunta: para qué vivir? No tenía más que una respuesta a flor de labios: «¡Para nada!» Y en todo, esa sensación de absurdo. Ahora sé, sin verlo del todo claro, que Dios me llama y me invita a través de los acontecimientos y del prójimo. Le tengo confianza y desbordo de dicha en ciertos momentos, como un hombre perdido que buscaba una mano en que asirse y acaba de encontrar una sólida y segura.

16 DE MAYO. Pablito, con quien no había hablado desde hace mucho tiempo, ha jugado conmigo al ping-pong y me ha batido; he tenido que pagar la consumición.

¡Qué éxito: un 13 en inglés!

18 DE MAYO. No hay reunión a causa de la fiesta de la Ascensión, que es mañana. Muchos han salido a las 4 y yo me he quedado con Juan Claudio. Se halla desamparado y ocioso de antemano porque mañana no hay partido. Pasaremos la tarde juntos. En bicicleta trataré de seguir su Bima, que, felizmente para mí, ha sufrido mucho a causa de sus excentricidades.

19 DE MAYO. Estoy reventado. Etretat no está muy cerca. Cincuenta kilómetros tras una Bima es algo cansado, sobre todo ahora que ya no hago entrenamiento. No hacía buen tiempo, el cielo estaba cubierto y el mar tenía mal aspecto. Hemos paseado sin gran interés, ni siquiera el de mezclarnos entre la gente que había abandonado la playa, demasiado fría y revuelta para un día de mayo.

Juan Claudio sigue siendo para mí un buen compañero. Yo no sé del todo por qué. Me doy cuenta simplemente de que él es uno de los elementos estables de mi vida, presente a mis diecisiete años como lo era a los quince cuando comencé a escribir las primeras páginas de este diario. Recorro nuevos caminos, pero lo encuentro en un recodo o en otro. Él es siempre el mismo, sin grandes problemas pero sin desvíos notables.

20 DE MAYO. Discusiones en casa. Mamá dudaba en darnos unas sobras de carne este mediodía por ser vier-

nes. He encontrado ridículos sus escrúpulos, y lo he dicho bien alto, lo que no le ha gustado. Ella se ha lamentado amargamente de mi falta de espíritu religioso. Por mi parte, no he escatimado las palabras y he replicado que reducir la religión a unas prácticas era deformarla y caricaturizarla.

La religión de mamá me ha parecido siempre como una serie de prácticas, de las cuales, algunas, que no las manda la Iglesia, están seguramente próximas a la superstición. Para ella hay quizás alguna cosa detrás de estas prácticas, pero yo no lo he visto. Hace un momento me debatía, reaccionando violentamente; ahora trato de juzgar lo menos posible.

23 DE MAYO. De Talbot: «En definitiva, los hombres que dominan el mundo son siempre hombres que se dominan.»

25 DE MAYO. En la reunión he afirmado que conocía a todos los muchachos de mi clase. Discretamente, a la salida Bibi se me ha acercado: «Haz la lista de los muchachos de tu curso y reflexiona seriamente sobre lo que sabes de la vida de cada uno.»

... ...

Acabo de hacerla. Me he caído del burro. De hecho no conozco más que a tres o cuatro compañeros, bromeo sólo con cinco o seis, pero los restantes son para mí unos extraños. Me he dado cuenta de que ignoro el apodo de siete de ellos. En cuanto al ambiente en el que se desenvuelven, ni idea.

No he encontrado esta lista. Daniel ha debido escribirla aprisa en una hoja volante. Lo lamento, ya que sé que él anota algunas indicaciones al lado de cada nombre: preguntas más que apreciaciones. Daniel se me ha prestado a rehacerla, yo he preferido no aceptar para evitar un retorno artificial hacia el pasado.

En todo caso anoto de paso que la simple reflexión sobre esta lista de nombres ha sido para Daniel de una utilidad incontestable. Leal como es, ha sabido reconocer su falta de atención acerca de los demás. A partir de esta época he comprobado que era más humilde ante los acontecimientos y las personas, que juzgaba con menos precipitación y que atendía desde un principio. Después de haber descubierto que no sabía nada acerca de la gente de su barrio, se dio cuenta de que no conocía ni aun a los que creía conocer.

Aproximadamente por aquella misma razón me chocó una frase suya, de la que pude sacar partido. No la he visto anotada en ninguna parte. Dijo: «Andamos demasiado aprisa sin ver los paisajes de nuestra vida y sin mirar a los hombres que en el camino nos tienden la mano.»

PENTECOSTÉS. No he comulgado. Sin embargo, tenía deseo de hacerlo, sólo que hace demasiado tiempo que no he visto al páter. Tengo la impresión de privarme tontamente (todavía un poco por timidez, respeto humano, pero también por negligencia) de un alimento del que sin él no puedo pasar. He estado reprochándomelo todo el tiempo de la misa..., a menos que sea el Señor quien me lo haya reprochado. Buen paseo con Déhais y los compañeros. Por cierto que me las he dado de fresco. He bajado a las dos y les he abordado sin más rodeos: «Estoy solo y me aburro, ¿me lleváis con vosotros?» La reacción no ha sido entusiasta del todo, pero yo he fingido no percatarme de ello. Esta frialdad me ha sublevado y me he esforzado por alborotar y hacer reir a todo el mundo.

Hemos encontrado a Juan Pedro. Eran toda una pandilla; él se las tenía con la chica Baltin. No me gusta mucho verlo portarse de esta manera. Estoy persuadido de que no hacía nada malo, pero a medida que se haga mayor, ésta es la puerta abierta a todas las claudicaciones. Él no es más robusto que yo, y por el momento no creo que tengo un ideal para sostenerlo.

31 DE MAYO. He subido a casa del páter para escuchar unos discos. Me ha echado en cara no haber ido más a menudo a verlo solo: «¿Ves, Daniel? Cuando te veo con los compañeros me siento dichoso, pero no podemos hablar directamente tú y yo, y, no obstante, es necesario. Cuando uno construye una casa conviene de tiempo en tiempo detenerse, estudiar el plano y verificar si se realiza bien y aprisa.»

Hemos decidido que juntos hablaremos acerca de mi vida todos los meses, para comenzar.

1.º DE JUNIO. No teniendo ganas de trabajar, he ido a buscar a Cristián después de cenar. Hacía un tiempo espléndido. Acabo de llegar, contento de esta noche deliciosa.

Mi amistad para con Cristián no ha dejado de aumentar desde el día aquel en que me manifestó abiertamente sus problemas sentimentales. Durante horas interminables cambiamos ideas, discutiendo de lo habido y por haber, estando de acuerdo y no estando de acuerdo «enteramente», aduciendo cada uno sus previsiones para marcar bien la diferencia de nuestros puntos de vista. A través de estas discusiones, que harían sonreir a una persona de edad, yo experimento un enriquecimiento de nuestra personalidad. Más tarde condenaré estas noches interminables pasadas yendo arriba y abajo de las calles y pasándolas al abrigo del portalón de una casa o aun sentados por el suelo en la habitación de un compañero. Espero que entonces no menospreciaré estas «pérdidas de tiempo» tan útiles para la formación.

Cristián me aporta su vasta visión de los problemas del mundo. Él lee mucho más que yo y no se contenta con agotar la página deportiva de los periódicos. Insensiblemente me doy cuenta de que él me contagia sus preocupaciones y sus inquietudes: la paz, la miseria en todas sus formas, las injusticias sociales; sus causas y consecuencias económicas, de las cuales por el momento yo no comprendo casi nada. Por mi parte, pienso que aporto a Cristián el gusto por las cosas bellas. Soy sensible a todo lo que veo, y paso fácilmente de las apariencias a una visión artística. Me di cuenta la semana pasada cuando él me dijo: «Tú ves cosas que yo no veo.»

Esta noche, yendo y viniendo por el Paseo de la República, he tratado de hacerle gustar la extraña impresión de calma inquietante que se desprende del Paseo por la noche. Las luces artificiales, las puertas cerradas de los bares, con sus protectoras cortinas metálicas, los noctámbulos de rostros súbitamente rojizos, mientras que un instante después palidecen y se vuelven verdosos, hechos unos cadáveres vivientes, las pocas muchachas que salen un momento de su aburrimiento para volverse provocativas, los últimos e inútiles autobuses que turban el silencio con sus ronquidos indiscretos. El contraste de este conjunto de belleza impura con la tranquilidad profunda del mar es lo que he tratado de hacer ver a Cristián.

Nos hemos dejado impregnar de esta vida discutiendo sobre la vida. Nos hemos cruzado con algunos borrachos y jóvenes despreocupados, que parecían consumidos de aburrimiento, probablemente en busca de algún placer y de alguna razón de vivir. ¡Cómo los compadezco! Ya no concibo, en efecto, que uno pueda vivir sin dar un sentido a su vida. Personalmente, yo sé ahora por qué lucho, por qué amo, y quiero amar más todavía.

4 DE JUNIO. Pensando en mi amigo Cristián he copiado la letra de «Fra mi amigo». ¡Qué himno espléndido de la amistad! Que el Señor me guarde siempre la de Cristián.

He visto a Cadinot, Delpierre y Rolando para la encuesta. Salvo Cadinot, que quiere ser oficial mecánico, los demás no saben lo que harán más adelante.

5 DE JUNIO. Genoveva me ha pedido salir con los muchachos del barrio. He tenido que rehusárselo, ya que tenía una cita con Bigleux y Malcoux. Lo siento a causa de Déhais; hemos vuelto a ser buenos amigos. Varias veces

esta semana hemos hablado acerca de las chicas, es el único terreno de conversación posible con él.

... ...

Tarde en el Robinson. Me he visto obligado una vez más a elevar el tono de los demás a causa de la bulla y las conversaciones, es decir, las aventuras. Me doy cuenta de que Mónica se me acerca, pero su falta de discreción me molesta y disgusta delante de los compañeros. Hay veces que la abofetearía con gusto. Sin embargo, cuando reflexiono fríamente debo comprobar que no estoy curado enteramente de espantos, ya que si Mónica fuese más graciosa y atacase con más brío, pronto acabaría por hacer lo que ella quisiera. Y pensar que he convertido en un deber la asistencia a estas reuniones de camaradas para mejorar su atmósfera. No sé ya qué pensar. No mejoro a nadie y hago de equilibrista sobre la cuerda floja. He de hablar de esto con el Páter.

6 DE JUNIO. Cucú se ha hecho el sentimental con ocasión del desembarco de durante la guerra. Esto después de algunas preguntas hechas expresamente por Bigleux y sobre todo después de la insidiosa reflexión hecha por Remigio: «En el fondo, los muchachos que desembarcaron no tienen ningún mérito; los que con riesgo de sus vidas prepararon su trabajo, hicieron todo, aquéllos sí que...» Se ha dejado tentar y no ha sabido «resistir» a la dulce euforia de las confidencias. Han salido todas sus aventuras de la resistencia. Cada uno de nosotros las hubiera podido contar tan bien como él; las hemos oído muchas veces. Hoy clandestinamente, claro está, la imagen ha ayudado al relato. Hemos hecho circular un dibujo donde se veía a Cucú en pantalones cortos, las piernas peludas y la joroba de las matemáticas cubierta con un gran vendaje. Armado con una metralleta, se encarnizaba con un aire guerrero prehistórico contra un espantapájaros.

Al final, en el entusiasmo de la victoria, ha anulado todos los castigos..., pero bien pronto los ha puesto en vigor cuando todos unánimemente hemos entonado «La Marsellesa». Una vez que nuestra alma vibraba con un entusiasmo patriótico...

8 DE JUNIO. En la reunión, Loutridau, con el aire flemático y desengañado que suele tener, nos ha dicho: «¡Esto me aburre! Tengo ganas de tomar el portante. La reunión no me proporciona nada de positivo.» Reacción inmediata de Bibi: «Esto no aporta nada de positivo, si uno tampoco aporta nada. La reunión es un banquete donde cada uno debe acudir con su comida para compartirla con los compañeros. Es evidente que todos quedan con hambre, si no hay nada para hincar el diente.»

—Exactamente — dijo Peter — y el carnet del militante [17] es el guardaviandas.

En consecuencia, grandes disquisiciones sobre la manera de comer en conjunto y de digerir bien.

El punto final de Bibi: «En suma, como posdata a todas las convocatorias convendrá escribir: Se ruega que traigan su piscolabis.» ¡No es tonto...!

—Otra cosa, mucho más interesante: hay la posibilidad de hacer un campamento en Alemania, en Hamburgo (abierto a todos). Es menester a todas luces que desde ahora hable de ello en casa. Papá prometió pagarme unas vacaciones como premio a mi progreso en el colegio. Espero que esto no traerá demasiadas dificultades, ya que el precio del viaje no es demasiado caro.

Me temo, con todo, que para algunos esto sea un obstáculo; los muchachos no muestran preocuparse de la cosa... Pero yo sé lo significativo que es esto de desaprovechar una salida, una distracción, dando por pretexto la falta de tiempo, otras ocupaciones, cuando se trata simplemente de una falta de dinero que por vergüenza no se atreven a confesar.

Hay que tener el carnet de identidad, un certificado

---

17. Carnet donde los militantes anotan, en principio cada día, sus actos realizados, tal o cual porción de la vida en el medio ambiente (los «hechos» como les llaman ellos) y, si lo desean, su evolución personal.

del alcalde del lugar de residencia, la autorización de los padres por escrito, y además un extracto de la partida de nacimiento.

9 DE JUNIO. «Esto no depende más que de ti y de tus notas», me ha dicho papá. Es evidente que esto significa una restricción. Sólo que, a falta de suerte, Juan Pedro ha venido a traerme la continuación de la conversación oída mientras él lustraba sus zapatos en el corredor:

—Un viaje así no tendrá otra ocasión de hacerlo, además es instructivo.

—Tienes razón, Jorge, hay que dejarle ir; esto sólo puede hacerle bien. Van en este grupo unos chicos que le conviene tratar. Mejorará con su contacto. ¡Además, les acompaña un sacerdote! Tú sabes, Jorge, que Daniel tiene necesidad de buenas relaciones. Me preocupa a menudo su amistad con los golfos del barrio.

—De acuerdo, Elena, pero sobre todo he de mantener lo que he dicho: si tiene buenas notas.

Conociendo a Jorge, a Elena y su pasado, me siento en condiciones de poder escribir: el asunto ha cuajado.

A pesar de todo, ellos son cariñosos. ¡A mí me toca no echarlo todo a perder!

10 DE JUNIO. Para quitarme mis escrúpulos en cuanto a mi presencia en los grupos de chicos y chicas, el páter me ha dado algunas reglas:

1.º Una condición esencial para poder participar: no ir *por mi gusto*. Si cada vez puedo decirme lealmente que voy allí por los demás, mi presencia se justifica.

2.º Permanecer siempre sereno y humilde, no ilusionándome sobre mis fuerzas; conocer, por el contrario, mis debilidades y ser prudente. A este propósito, no he de imaginarme que para tener influencia hay que hacer coro con los muchachos. Por el contrario, hay que reaccionar de vez en cuando, especialmente frente a las muchachas. Hay una alegría y un buen humor francos y claros que no dan lugar a equívoco y son buenos en sí porque no ocultan nada.

3.º Lo ideal para estos casos es, sin embargo, ir varios para apoyarse mutuamente. En todo caso dar cuenta en la reunión del equipo, el cual, si está unido y es franco, ayuda a ver mejor.

Por último, el páter me ha dicho, insistiendo mucho, que estas reglas se aplican diferentemente según los individuos: «Todo depende de la solidez de cada uno, de su grado de compromiso e intimidad con el Señor.» En cuanto a mí, puedo continuar por el presente, pero sobre todo debo darle cuenta a él cada vez, así como a Cristián.

14 DE JUNIO. Habiéndome dado cuenta de que hace tiempo que no he puesto los pies en el Atlético, he ido allá y en el intervalo de una hora he encontrado a una docena de muchachos y he conversado seriamente con Pablito; uno a quien todavía hay que despertar la inquietud.

He regresado tarde; mamá me lo ha echado en cara: «Todavía callejeando... Dios mío, qué manera de perder el tiempo!»

Hay veces que quisiera intentar explicar a mamá lo que hago, pero temo demasiado que ella no se lo crea y que luego se sirva de mis confidencias para reprocharme mi egoísmo en casa. Es verdad, convendrá que repase mi actitud sobre este punto; en principio, el esfuerzo debería sentirse en todas partes, pero de aquí a que mis padres se den cuenta del cambio obrado en mí, tendrá que llover mucho todavía.

15 DE JUNIO. En la reunión la discusión ha versado casi exclusivamente sobre el Evangelio. Todo ha comenzado por una pregunta de Bibi, un pasaje que él había leído por la mañana y que no le parecía bastante claro:

—¿Tú lees el Evangelio con frecuencia? — le pregunta el páter.

—Algunas líneas cada mañana, y las repaso por la noche antes de acostarme.

La pregunta se ha repetido a los demás, para quienes ha sido más amplia. Yo confieso que no he poseído jamás un Evangelio. Remigio me ha procurado uno.

Me permito interrumpir el texto, ya que tienes ahí referida otra intervención de Bibí. Un día, de forma un poco negligente, como para hacer olvidar la profundidad de su vida, él me había confesado, hablando de esta lectura del Evangelio: «Cada mañana me levanto más temprano para saber lo que Cristo me va a decir para mi jornada.» Jamás se había franqueado sobre esto en una reunión, y yo me acuerdo perfectamente haberle hecho expresamente esta pregunta, para que él se explicase acerca de su contacto con Cristo por medio de la Escritura. Estaba seguro de que los demás podrían sacar provecho.

...Lo he acompañado, pues, a su casa, donde he sido recibido muy amablemente por sus padres y por su hermana María Clara. Ella es muy agradable; he tenido que aceptar el aperitivo y prometer que volvería para pasar una tarde con Remigio.

... ...

...He hojeado el Evangelio; no me dice nada.

16 DE JUNIO. Me he olvidado por completo de ir a buscar a la alcaldía los papeles para el campamento. Mamá me lo ha hecho recordar: «Será menester que te lo repita veinticinco veces. Y, sin embargo, es cosa tuya... ¡En fin, espabílate!»

—Buena oración: he hablado con facilidad al Señor, pero no por mucho tiempo, porque en seguida estaba distraído. Yo prefiero pensar en Él durante el día en medio de todos los acontecimientos. El páter me ha dicho que esto era también oración, que era muy valiosa, pero que no era contraria a la necesidad de pararse delante de Dios para estar con él sin premura de tiempo.

18 DE JUNIO. La primera parte de la tarde pasada en castigo por no haber entregado el deber de francés. La segunda parte en la playa, donde he encontrado a Déhais.

Por último he estado divirtiéndome en el Atlético; estoy en baja forma en ping-pong.

Aquí sigue el texto de «El Niño del corazón de oro» que cantan los Amigos de la Canción, con algunas líneas de introducción intituladas «presentación del disco por Bibi». Yo no me acuerdo en qué ocasión fue presentado este disco: una velada de amistad, al comienzo de una reunión, poco importa.

En total, una tarde bien llena, pero poco consistente.

22 DE JUNIO. Ha sido una suerte que mamá abriese la carta en la que me reclamaban urgentemente los papeles para el campamento. Ella no ha dicho nada a papá, se las ha arreglado ella misma y me lo ha hecho saber al mediodía sin reproche alguno. Yo no he dicho nada. Estaba verdaderamente confundido y su silencio ha sido para mí un reproche más vivo que sus lamentaciones de costumbre.

25 DE JUNIO. Para celebrar el curso escolar Bigleux habla de organizar una comida de clase por la noche: él quisiera hacer algo en casa de «María la bretona» a quinientos francos por cabeza. Beslard y yo, de acuerdo con la idea, hemos hecho ver la conveniencia de una reducción de precio. He defendido con calor el punto de vista de los que no podrían pagar (hablando de ellos en tercera persona, sin atreverme a considerarme uno de ellos). Hemos quedado de acuerdo para tratar de organizar algo por trescientos cincuenta francos.

27 DE JUNIO. Hemos quedado de acuerdo. Soy el responsable de los cuartos. Recogeré previamente el dinero de la comida. Es mejor tomar precauciones para evitar que alguien se raje a última hora.

Otra vez he tenido que pedir dinero en casa. Esto me molesta tanto más cuanto que están dispuestos a pagarme los gastos del viaje. Papá ha recalcado que no me dará dinero de su bolsillo: que me las componga como pueda. Utilizaré mis reservas destinadas a la máquina fotográfica, que ya compraré más adelante.

29 DE JUNIO. Noche simpática al comienzo, luego algunos muchachos un poco «ligeros» la han hecho degenerar, desgraciadamente. Algunos han reaccionado, entre ellos Malcoux, lo que ha asombrado mucho. Fuera, después de meter bulla mientras íbamos por la calle, un grupo nos ha dejado, queriendo a toda costa acabar la fiesta en el café Thiers. No hemos sabido hacer otra cosa que deplorar y criticar su actitud, sin vernos capaces de decidir cualquier cosa.

Juan Claudio, cansado, me ha dicho que si quería volver a casa con él. Recorrimos casi en silencio nuestro camino, descontento yo de mí mismo, atribuyéndome en parte la responsabilidad de este fracaso; había acudido allí demasiado confiado en mí mismo, en mi entusiasmo habitual. Hubiese sido conveniente preparar la velada con algunos, buscando aventuras, cantos, juegos.

Como me sentía desalentado, he sido más humilde delante de Dios, y he orado igual que el luchador que pide gracia cuando su espalda toca el suelo. Dios vendrá más a nosotros cuando menos nos las demos de listos.

¡Afortunadamente tengo fracasos!

30 DE JUNIO. ¡Se acabó! Mi curso de segunda ha terminado: el año que viene haré el bachillerato. ¡Por fortuna tengo tiempo para pensarlo bien y prepararme!

No lo siento por el colegio, pero sí por todos los compañeros. A algunos volveré a verlos dentro de tres meses, a otros ya no los veré jamás... La clase era divertida cuando menos, sobre todo al final, cuando habíamos acabado por sentirnos un poco unidos, ¡aunque sólo fuese para alborotar!

5 DE JULIO. Trabajo loco: con Lesack y Loutrideau preparando el campamento. Tenemos trabajo todavía para

tres o cuatro días, ya que nos faltan fiambreras; hay que pedirlas prestadas a diestro y siniestro y confeccionar unas cajas para el equipaje de cada grupo.

7 DE JULIO. Por esta vez mamá me ha comprado un suéter de cuello vuelto. Uno de mis sueños se ha visto realizado. Sin embargo, esta vez no había pedido nada, y me contenté con sugerir... ¿Será esto lo adecuado?

8 DE JULIO. ¡Catástrofe! Todo anda mal. No sé si debo tomar verdaderamente en serio la cólera de papá: me ha reprochado que no ayudo en casa, que estoy siempre fuera desde el comienzo de las vacaciones. Molesto ya, le he respondido que esto era normal, ya que las vacaciones eran para descansar.

—¿Y tu madre? ¿Ella no tiene, por lo visto, derecho a vacaciones?

El tono ha ido en aumento, y papá ha dicho bruscamente: «Pues ya que es así, no irás al campamento.» Se ha marchado dando un portazo.

Estoy seguro de que lo ha dicho en un momento de cólera, pero lo creo capaz de emperrarse en su idea. ¡Heme ahí en una linda situación! Mañana por la mañana iré a ver a Cristián; quizás él encuentre una solución

... ...

Ni una palabra durante la noche. Mamá parecía molesta; ha intentado vanamente animar la conversación. Me parecía encontrarme un año atrás, cuando tres o cuatro veces por semana se producían estas mismas escenas. Esto me hace ver el camino que he adelantado, pero por el momento no me da una solución para el caso.

9 DE JULIO. Después de haberme despertado, mamá se ha entretenido un poco por el cuarto:

—¿Sabes?, tu padre está enfadado contigo: no eres un muchacho razonable; uno se mata por darte gusto y tú correspondes de esa manera... Deberías disculptarte.

—¡Yo no he hecho mal alguno!

—No te has comportado como debías.

—El caso no era para tanto; no había motivo para enfurecerse.

—¡Mi pobre Daniel! Tú no te das cuenta de lo desagradable que te pones a veces; no es poca la paciencia que necesita tu padre. Cuántas veces lo admiro a causa de todas las preocupaciones que el pobre tiene... Ahora que ya eres mayor (!!!) deberías, por tanto, comprenderlo. ¡Vamos, no te pongas tozudo y sé como debes ser!

Voy a vestirme aprisa y corro a ver a Cristián.

... ...

Cristián me aconseja que me disculpe.

10 DE JULIO. Todavía sin solución. Mamá vuelve a la carga una y otra vez cuando estamos solos; se hace la persuasiva. La noto casi más contrariada que yo, ya que a ella le encantaba que hiciera este viaje.

Jamás tendré la valentía de disculparme...

POR LA NOCHE. Todo se ha arreglado. Papá, después de la sopa se ha interesado:

—¿Y esto del campamento? ¿Tienes ya todo lo que es menester?

Yo he musitado un pequeño «sí» tímido. Pronto mamá para disipar la atmósfera, ha añadido:

—Le hace falta una pila; deberías comprarle mañana una.

—Está bien.

Yo me sentía incapaz de dar las gracias. Papá sin duda se hubiera sentido disgustado de que no fuera al campamento, pero ha aparentado no fijarse en que yo no expresaba mi contento. Somos prisioneros, uno y otro, de largos años de silencio...

11 DE JULIO. Compras diversas. Un momento en casa de Remigio para decirle adiós. He invitado a María Clara

a venir a hacer la cocina de nuestro grupo... ¡Ella me ha manifestado sus dudas en cuanto al resultado!

¡Da lo mismo! ¡Nos arreglaremos solos!

14 DE JULIO (a las 11 y media de la noche). He cerrado mi mochila. Cierro este cuaderno. Mañana por la mañana parto. ¡Viva Francia y que Cucú se vaya a la porra! ¡Buenas noches, Señor! ¡Gracias!

Cuarta parte

«CREO QUE AL FIN VOY A PODER AMAR»

9 DE AGOSTO. Al fin puedo sentarme para anotar mis impresiones y mis conocimientos adquiridos de regreso del viaje. Hemos arreglado y repasado todo el material Cristián, Sergio, Yvón y yo. Naturalmente, ha habido necesidad de comprar estacas para reemplazar las perdidas durante la tormenta, identificar a los propietarios de las fiambreras, airear y plegar las tiendas, ponerles talco, clasificar y ordenar los inevitables objetos perdidos (y que no pertenecen a nadie, naturalmente): pantalones de pijama, toallas y guantes de aseo, calcetines, pañuelos, slips, gafas de sol, peines, tijeritas de uñas, etc..., etc...

No voy a tomarme el trabajo de dar cuenta completa de los días de campamento; el ideal hubiera sido que hubiese anotado día a día mis impresiones; era imposible y lo abandoné todo. Solamente puedo disponer de algunas líneas garrapateadas en el autocar. Voy a resumirlo todo en algunos títulos importantes, para obligarme a la reflexión y guardar un recuerdo preciso de este viaje sensacional.

Ambiente: «Pistonudo», siguiendo la expresión consagrada y repetida con frecuencia. No es posible describir la vida de cuarenta y cinco chicos corriendo y cantando, gritando dentro de un autocar durante tres mil quinientos kilómetros y veintiún días, acampando en los sitios más inverosímiles en cuatro países distintos, en contacto con docenas y docenas de jóvenes extranjeros, como en aquel albergue de Amsterdam, donde nos encontramos muchachos de siete naciones diferentes reunidos para una velada en común.

Yo creo que este extraordinario ambiente fue la causa en gran parte del éxito del viaje. Gracias a este «fondo sonoro», los muchachos intimaron profundamente, se trabaron amistades, los problemas trascendentales aparecieron vivos a nuestra conciencia, los corazones se transformaron en pocos días, abriendo su visión de improviso, porque detrás de sus persianas cerradas presentían la luz y el calor del verano (no está mal).

Lista de muchachos: En el sitio de los «bonzos»: Yves, el Patrón, llamado el gran panza; Mauricio, el intérprete y profesor de canto; Yvón, el hombre del dinero (por tanto, el hombre atacable); el páter, llamado padre o padrecito, y por último, Claudio, nuestro incomparable chófer, convertido pronto en uno más de nosotros.

Sigue la lista completa de los muchachos participantes en el viaje, adornados con los más extravagantes epítetos. Te la ahorro; no conociendo a los muchachos, semejante enumeración no tiene interés para ti.

Algunas vistas que recuerdo

La cuenca minera del Paso de Calais, con esa impresión de ambiente gris que debe dar lugar a la melancolía.

La inolvidable noche de Brujas, donde deslizándonos silenciosamente sobre las aguas del canal, descubrimos en cada recodo la magia de la luz, haciendo surgir de la sombra las fachadas medievales y los árboles seculares.

En Holanda, la isla de Walcheren vista desde lo alto del faro de Westkappel, y vista desde el interior jalonando los caminos, pavimentados con ladrillos amarillos, con pistas para bicicletas flanqueadas de casitas bajas, coquetonamente engalanadas de flores; la vida, las costumbres, los organismos de este país tan acogedor, obtenido todo preguntando por grupos a lo habitantes y personalidades.

Rotterdam, reconstruido en moderno y la estatua de la ciudad mártir, debida al escultor francés Zadikine, esta especie de gigante torturado con el pecho hundido por la guerra.

El museo de La Haya.

El dique de Zuydersée, extraordinario trabajo de los hombres para dominar los elementos.

En *Alemania,* el puerto de Hamburgo, y de vuelta, el magnífico descenso del Rin.

Contacto con los alemanes: Sería difícil expresar con qué delicadeza nos acogieron en Hamburgo los responsables de sus juventudes y de los diferentes movimientos juveniles que conocimos. No podremos olvidarlo jamás.

Los alemanes dan la impresión de conceder más importancia que nosotros a la juventud. En general, me ha parecido sana y muy viva: pero (quizá sea una aprensión) dispuesta a dejarse seducir si una persona o una doctrina la galvaniza. ¿Qué habrán pensado de nuestro alboroto, tan simpático, sin embargo; de nuestra libertad de expresión, que permite a cuarenta y cinco muchachos manifestar sus cuarenta y cinco pensamientos diferentes?

Descubrimientos

Después del ambiente del viaje, lo que nos ha llamado más la atención, por lo menos a mí personalmente, es el conocimiento de algunos grandes problemas. Leer un artículo o un libro, escuchar una conferencia no tienen el valor de la visión directa de las cosas; hay una fuerza que da vida a lo que no es más que una idea.

La guerra: Decirme que la guerra hace millones de víctimas es una cosa que me impresiona; pero ver con mis propios ojos el cementerio de Nuestra Señora de Loreto con sus cuarenta mil tumbas donde franceses y alemanes se destrozaron mutuamente, me ha hecho sentir un malestar profundo hacia ese monstruo absurdo que se llama la guerra. He copiado estos versos grabados en una placa del monumento central:

«Vosotros, peregrinos, que pasáis ante estas tumbas,
subiendo por su calvario y ensangrentado camino,
escuchad el clamor de los campos de combate:
¡Pueblos, permaneced unidos; hombres, sed humanos!»

En este notable cementerio de Hamburgo nueva impresión importante. Un inmenso osario sepulta los cincuenta mil paisanos muertos en una noche de bombardeo. Al escribirlo, me parece sentir todavía el malestar, la opresión misma que experimentamos de repente. En El Havre cinco mil muertos en un día de los ciento cincuenta mil habitantes que tiene. Hamburgo, cincuenta mil de sus quinientos mil. ¡Inmensa matanza humanamente inútil!

En una velada reflexionamos y comprobamos que aun aquellos cuyos padres habían sufrido durante la guerra no podían considerar sino como buenos amigos a los jóvenes alemanes a quienes conocimos allí. Jóvenes como somos, nuestra juventud nos aproxima por encima del obstáculo de las fronteras. Las personas mayores nos consideran despreocupados pero estoy persuadido por mi parte de que nuestra reacción es más verdad, ya que es más nueva que la suya, deformada, y se comprende por los resentimientos acumulados. Me doy cuenta de que a papá le es difícil perdonar, habiendo tenido que soportar tanto y tan cruelmente, y cuyos sufrimientos tan recientes son todavía [18], pero mi afecto por papá no me obliga, sin embargo, a detestar a los demás (por otra parte, ésta no es su manera de pensar, y ayer por la noche discutimos un poco...).

Volviendo al campamento: varias veces oramos por la paz y la unidad, y yo creo que ni uno se hizo el indiferente.

Los desplazados: Yo ignoraba hasta la existencia de tales «personas desplazadas». Fue menester que nos enseñasen dos campos, conjunto de barracas donde se amontonan estas gentes sin nacionalidad, hasta sin identidad, para que me diera cuenta de este problema trágico de los dos millones de desplazados que quedan todavía en Europa. Fue menester aquella famosa velada en el Sarre, que tuvimos en la misma carretera, alumbrados por una linterna, detrás de un compresor, reunión en la que Cristián nos dio algunos datos y nos contó la vívida historia de Teddy,

---

18. El padre de Daniel fue deportado, lo que explica la reacción de Daniel.

aquel «refugiado» que él conoció en París y que acabó por suicidarse una noche de Navidad.

Hay días que en los momentos más insperados me persigue el problema de los desplazados; hubiera querido visitar aquellos campos, impregnarme más todavía de aquella miseria, andar por en medio de aquellas gentes de raza, condición, educación y edades diferentes, encerradas y condenadas a la desesperación, porque ahora ningún país acepta ya acogerlos y porque los organismos oficiales creados para clasificarlos han cerrado definitivamente sus ficheros. Con algunos de los muchachos pedí al señor Kanaert [19] todos los informes posibles; tenía miedo de olvidar.

Prostitución: ¿Qué es lo que mis padres hubieran dicho si hubiesen sabido que el páter consintió que nos paseásemos por el barrio de las casas de mala fama? Hamburgo es uno de los puertos característicos a este respecto. Lo asqueroso no es la gran calle iluminada con distintivos multicolores, donde casi ante cada puerta os invitan a entrar, sino las pequeñas calles laterales, estrechas y sombrías, donde las muchachas se pasean con un aire de desilusión y quieren ser provocativas sin conseguirlo. ¡Qué cuadro más penoso, aquellas caras ajadas en las que los afeites mal aplicados acentúan más todavía la triste condición de deshechos de la sociedad!

Algunos días más tarde, durante la velada, el páter insistió sobre el asunto. Apoyábase en un indicador de orientación..., punto de vista espléndido desde donde se descubría de abajo arriba el Rin. Era de noche, solamente el valle estaba alumbrado por centenares de puntos luminosos. El páter no nos ocultó la realidad. Es un hecho, por desgracia; en todas las ciudades del mundo hay un cierto número de muchachas que para vivir venden su cuerpo. No hay que juzgarlas, ya que a menudo no son más que las víctimas de la miseria, del ambiente familiar, de hombres que sin conciencia alguna, después de haber abusado de su credulidad, las abandonan. Muy frecuente-

---

19. El huésped que condujo el grupo durante todo el tiempo de permanencia en Hamburgo.

mente son prisioneras de individuos odiosos que las dominan por el terror; no pueden escapar a la esclavitud de su triste profesión. Los hombres que, no obstante despreciarlas con frecuencia, las utilizan como un juguete por algunos minutos de placer, son culpables ante sí mismos, claro está, pero también ante ellas, puesto que ellas no existirían si ellos no fuesen sus clientes.

Al principio de la velada yo me había sentado lejos, mostrando el aire indiferente del que ya sabe y no tiene nada que aprender, y me encontré, sin advertirlo, con muchos otros al lado del páter. El círculo que formábamos se había estrechado de un modo progresivo; le atendimos mientras nos contaba la vida de estas infelices muchachas, las tentativas que se han hecho para rescatarlas de su bajo nivel, etc... Habló extensa y sencillamente, diciéndonos si teníamos todavía alguna pregunta que hacerle, prometiendo respondernos de un modo claro.

¡Nos acordaremos de esta velada! Hablar de estas cosas resulta más sano y consolador que las alusiones más o menos embarazosas que dejan sin respuesta una multitud de preguntas y abren la puerta a las divagaciones de la imaginación. Todo sale ganando, incluso la confianza en aquel que no esconde nada.

Mis relaciones con los demás

El campamento es un lugar ideal para cimentar las amistades. Mejor que nunca he descubierto a Cristián, Bibi, Loutrideau y Peter y he pasado algunos ratos con Estanislao (de quien he llegado a ser un compañero simpático como de todos los demás). ¡Qué buenos ratos en grupo! Y también con qué facilidad en un momento o en otro, sin ninguna razón aparente, nos hemos enzarzado en grandes discusiones en las que cada uno se entregaba hasta lo más profundo de sí mismo. Nada iguala, es verdad, mi amistad para con Cristián. Ahora estamos seguros el uno del otro, unidos de tal manera que nuestras reacciones concuerdan casi siempre y nuestra manera de pensar es la misma. Guardo de un modo especial el recuerdo de aquella noche en la isla de Walcheron, donde me paseé con él por las dunas, luego por la playa inmensa y desierta. Aquella noche hicimos el examen de nuestra evolución y del camino recorrido juntos desde enero como dos buenos hermanos. Rezamos.

Una nueva amistad: Domingo, un desconocido hasta el momento, ya que habita en Versalles. Inmediatamente he simpatizado con él, pero sin mérito alguno; es de esas personas que se hacen querer desde el primer contacto que se tiene con ellas, porque es de los que no se creen superiores a nadie, sin ser por eso inferiores; son ellos mismos y nada más. Su desgarbada manera de andar, su vestido estrafalario, sus bruscas payasadas, su excelente manera de imitar, su forma de gritar capaz de romper el tímpano a un regimiento de artillería: así es Domingo. Y a pesar de todo eso, ciertas reflexiones a diestra y siniestra, una insignificante conversación dejan adivinar al chico profundo que hay en él, preocupado por su porvenir y deseoso de aprovechar su vida.

Aparte del círculo de compañeros, aparte del círculo de verdaderos amigos, ¡cuántos esfuerzos para unirme con todos! En mi haber las tentativas para acercarme a... [20], que jamás he podido tragar. No sé utilizar método, hay que crearlo, o más bien no pongo suficiente esfuerzo por mi parte. Varias veces he preferido huir para evitar la descarga siempre posible de mis nervios.

Mi trato con el Señor

Orar en la velada no resulta difícil, creo haberlo hecho bien, por lo menos he descubierto el valor de una oración «de conjunto», especialmente durante la misa los domingos, cuando todos participamos en ella. Lo que pasará a ser la adquisición más importante es la nueva dimensión que mi

---

20. He creído oportuno pasar por alto el nombre del muchacho que posee el don de desagradar a Daniel; me gusta siempre evitar los incidentes diplomáticos.

oración ha tomado frente a los problemas humanos que hemos visto con nuestros propios ojos. Sin género de duda, he experimentado una conmoción interior profunda; esto ha sido una etapa dolorosa. Me he sentido envejecer, y hasta me ha acontecido que en medio de una algazara no he tenido ganas de reir porque me había invadido el recuerdo de la miseria y del pecado del mundo, que nosotros habíamos comprobado. Todavía ahora a veces me esfuerzo por alejar un pensamiento obsesionante, pero no hay nada que hacer: las raíces han profundizado. ¡Tengo miedo de que la planta se desarrolle!

En el autocar más de una vez he aparentado que dormía, y durante unos momentos medité ante la presencia del Señor; le entregué toda esta inquietud y el sentimiento de importancia que de ella proviene; por un lado está el mundo que se me impone, y frente a él estoy yo consciente de una tarea que llevar a cabo, sin ver el lazo que me une a ella. ¿Qué puedo, por tanto, hacer?

Estas largas reflexiones acerca del campamento me han parecido muy interesantes; por eso no he dudado de incluirlas íntegramente.

Imperceptibles cambios del color de la tinta me han hecho dar cuenta de que el texto había sido redactado en varias etapas. Daniel lo ha redactado en diversas veces, ya que no continúa su diario hasta quince días después.

24 DE AGOSTO. Anteayer Remigio volvió de vacaciones, encantado de su viaje a Bretaña. No ha tenido ni una gota de lluvia. María Clara me ha dado efusivamente las gracias por la postal que le envié desde Holanda.

—Acabo de sumergirme en la lectura de un libro sobre los desplazados; hay demasiadas cifras en él y me hubiera costado mucho terminarlo.

25 DE AGOSTO. Yvón ha aceptado darme algunas lecciones de matemáticas. Él está fuerte en esto y posee mucha paciencia, lo que es una dicha para mí.

¡Me veo mal para pasar el examen de bachillerato dentro de diez meses! Voy a tratar de repasar un poco el alemán, que me servirá el próximo año cuando los jóvenes de Hamburgo nos devuelvan la visita.

26 DE AGOSTO. Me he fastidiado todo el día: Juan Claudio me había prometido salir conmigo, pero ha tenido que quedarse en casa. He ido a casa del páter: sus discos no estaban allí. Antes de regresar he pasado por casa de Remigio para ponernos de acuerdo en dar mañana un paseo en bicicleta. María Clara se ha invitado: ·
—¿Me llevaréis con vosotros?
Inmediatamente Remigio le ha quitado toda ilusión, respondiendo que no teníamos necesidad de ella. Él es verdaderamente duro para con su hermana.
De regreso he encontrado una carta de Gerardo de Hamburgo; naturalmente, no he entendido nada. Iré a ver a Sergio, que me ayudará a traducirla.
El primero de mes salimos «en familia» para el campo. ¿Cómo mataré allí el tiempo?

27 DE AGOSTO. Paseo agradable. A la una y cuarto estaba en casa de Remigio. Su madre ha insistido para que nos llevásemos a María Clara:
—¡Como ella no tiene ocasión de salir...!
Nos hemos paseado despacio, yo evitaba no forzar la marcha para no fatigarla. Es muy simpática, inteligente, sencilla en su conversación, pero preparada para los grandes problemas de la hora presente; no se parece en nada a esas cabezas de chorlito que uno ve en la plaza Thiers o a la salida del instituto.

6 DE SEPTIEMBRE (en el campo). Aspiraba a la quietud y al silencio, y me encuentro a las mil maravillas, estoy absolutamente solo durante todo el día. Juan Pedro trabaja en la granja; parte muy de mañana, se queda allí y vuelve por la noche molido, para dormirse pronto como un tronco. La Tutuna ha encontrado a dos o tres amigas del

pueblo y no se le ve el pelo. Jorge y Elena, como unos jóvenes enamorados, pasan largas horas bajo los manzanos, leyendo, tumbados en unas viejas sillas de tijera remendadas de cada año.

Me dejan libre por completo. Me levanto tarde y me paseo en pleno campo antes de la comida, y por la tarde, después de una buena siesta; tendido sobre la hierba me pongo a leer, me marcho de nuevo, y camino largas horas. Al principio me gustaban este silencio y esta soledad en pleno campo, pero ahora hay veces que me oprimen; me encuentro demasiado frente a mí mismo y esto es molesto, ya que veo las cosas con claridad.

De hecho ha habido un cierto progreso en mí; registro menos altibajos y, en cambio, una continuidad estable, siendo más raros los momentos de depresión y menos persistentes. Cuando se presentan, puedo descubrir su causa, pero luego el exceso de claridad es lo que me hace sufrir. Los puntos luminosos en mi vida se enlazan unos con otros desde hace varios meses. Gozo de una claridad casi total acerca de mí, el prójimo y la vida. Me veo en la obligación de ver o de cerrar los ojos.

Ya no hay duda posible, me debo a mi prójimo: aquellos que me rodean cada día, los del mundo entero que me esperan para trabajar mañana desde mi puesto de acción en la reparación de los horribles desórdenes de la humanidad. Pero me espanta en verdad pensar que no tengo razón alguna para limitar mi entrega. ¡He de ir hasta el final y darme por completo!

El que reclama es el Señor; lo adivino detrás de esta soledad, de este silencio, de estas ideas. Lo descubro en toda mi vida. ¡Él está en todas partes y me acecha!

A menudo, al atardecer, paso por la iglesia antes de entrar en casa; nadie me ve, ya que está desierta. Me quedo allí largos ratos en la penumbra, los ojos encandilados por la luz roja del altar. Jamás había orado tanto; hablar al Señor se me hace una cosa fácil de pronto. Su presencia se me antoja casi sensible; jamás había sentido tanta alegría y al mismo tiempo tan sorda inquietud.

Ayer escribí a Cristián para describirle el estado de mi alma.

7 DE SEPTIEMBRE. Madre Elena ha rejuvenecido veinte años. No la creía capaz de reir tanto con su marido. Los dos son enternecedores. Bromas aparte, jamás me hubiera imaginado que pudiesen permanecer tan jóvenes en su amor. Las preocupaciones cotidianas y la triste vida de los grandes edificios le ahogan a uno y lo mutilan totalmente de ordinario. A veces yo he sido severo para con ellos. ¡Uno no se da cuenta de las cosas cuando es muchacho!

9 DE SEPTIEMBRE. Respuesta rutilante de Cristián.

«Querido amigo Daniel:

»El estado en el que te encuentras en este momento y del cual me das algunos detalles en tu carta me persuade íntimamente de una verdad que yo sabía ya, pero que no había motivo de que se me metiese en la mollera: es que el militante de A. C. no es otra cosa que el individuo que desbroza el camino para Dios; él le entreabre la puerta de las almas para que pueda deslizarse en su interior. Renuncio en adelante a tener una influencia espiritual sobre ti; conviene que me eclipse, ya que parece que ha llegado el momento en que el Señor va a obrar directamente por sí mismo; yo no haría más que molestarle tratando todavía de mostrarte la verdad, ya que no sé más que balbucear esta verdad, ¡mientras que Él es la Verdad! Clamo, pues, "esto es una realidad", ya no queda sino orar por ti.

»En cuanto a mí, esto marcha magníficamente: acabo de dar una vuelta y he pasado por casa de Sergio y del páter y me he llevado mi pasto para esta semana (7 libros)... Los resumo, los estudio, los analizo; pongo en funcionamiento mi espíritu crítico. Mi fracaso en los exámenes de bachillerato me permite completar mi cultura general (¡tú comprendes la ironía de la situación!). Con un fuerte pescozón, te envío todo un vagón cargado de saludos.

»Cristián.»

P. D.: El otro día por la noche, después de un paseo ante el mar, sólo para entregarme a mis meditaciones, llegué a esta conclusión: para nuestra vida no hay más que dos soluciones: *amarse a sí mismo hasta el olvido total del prójimo o amar al prójimo hasta el olvido total de sí mismo* [21]. A divertirse, amigo Daniel.

12 DE SEPTIEMBRE. En efecto, el correo afluye: esta mañana una postal de Beslard y una de María Clara. Muy amable su saludo, escrito con una caligrafía regular y esbelta que refleja su finura y su distinción.

Esta vez no he encontrado la postal en la libreta, sé que Daniel la conservó por mucho tiempo en su cartera; no quise preguntarle si la conservaba todavía...

13 DE SEPTIEMBRE. Ayer tarde gran emoción: releyendo mi jornada, me di cuenta de que ésta había sido iluminada por una alegría desacostumbrada; había cantado, reído y conversado con gran facilidad con todo el mundo. He buscado la razón de ello y me doy cuenta de que la gran responsable ha sido la postal de María Clara. Varias veces, en efecto, la he releído, pasando muy rápidamente el texto para llegar al nombre de la que la había escrito. He divagado apoyado en la ventana, acogiendo sin restricción su imagen; me ha parecido muy bella en medio de la frescura de sus diecisiete años, y con estupor la he encontrado instalada dentro de mí, como si hubiese franqueado el umbral de mi casa sin que yo tomase precaución alguna. He tenido miedo de que de un golpe todo vuelva a comenzar. Sin embargo, me creía definitivamente defendido. Viendo las cosas claras, no puedo dejarme arrastrar a una aventura semejante. Todas mis adquisiciones y mis actividades de los meses pasados reaparecerían inquebrantables y no concebía que pudieran coexistir con el nuevo espejismo de mi corazón. En la cama he vuelto a repasar considerablemente estas impresiones y, descorazonado, poco me ha faltado para hacer el idiota.

---

21. Fue Daniel, creo, quien subrayó esta frase de la carta de Cristián.

Esta noche estoy más sereno. Es verdad, encuentro a María Clara encantadora, me he sentido dichoso de recibir una postal de ella, pero, después de todo, no veo qué es lo raro que hay en esto; he hecho mal dramatizando la situación. Trataré de permanecer en la sencillez.

Iré a ver Remigio y le daré las gracias, así como a María Clara. Es una cuestión de educación.

13 DE OCTUBRE.   ¿Por qué durante más de un mes he dejado este cuaderno? Sería bueno, sin embargo, ir anotando mis impresiones de vuelta a las clases, esa mezcla de nostalgia y de alegría. Abandonar la vida fácil de las vacaciones, encontrarme nuevamente delante las redacciones, los problemas y las disertaciones, soportar de nuevo las horas interminables de las clases; pero al lado de todo esto, encontrar otra vez a los compañeros, los repentinos alborotos, las bromas o las conversaciones apasionadas en el patio; he ahí lo que asusta a cada nuevo curso para dejar sitio luego, dos días después, a las cosas de costumbre que se imponen de un modo inmediato.

Me gustó volver a ver la cara de payaso de Bigleux, la barba mal afeitada de Malcoux, Beslard, Delpierre y todos los demás. Es de notar el pequeño acceso de orgullo que me ha hecho cosquillas en la nariz a mi llegada al patio, cuando he oído sus aclamaciones de acogida y he recibido sus manotadas llenas de simpatía.

16 DE OCTUBRE.   He visto a Cristián; he regresado de su casa con la cartera llena: libros y revistas.

Con la entrada en el nuevo curso, las pesadas responsabilidades de la clase y del colegio entero han vuelto a reaparecer. Me han asaltado de una manera que no puedo ni aun tratar de rehuirlas. Encuentro un Malcoux más ordinariote, que sigue con sus hazañas en la playa y sus escapadas a Etretat. Beslard me ha sorprendido: ha crecido, pero también parece envejecido. El reflejo triste de su mirada se acentúa a medida que se amplía la conciencia de su penosa situación. No lo he visto más de dos veces durante las vacaciones; me ha dicho en varias ocasiones que lo había sentido mucho, declarándome sin rodeos que tenía necesidad de mí.

17 DE OCTUBRE. Ahora la responsabilidad del colegio recae en Cristián: Bibi marchó a Armentières, para el curso de «Artes». En cuanto a mí, he tenido que aceptar el cargo de animador de todo el sector «diversiones». El año pasado nos perdimos un poco el contacto de los lugares donde, fuera del colegio, los muchachos se reúnen: el Atlético, la Plaza Thiers, el café Thiers, todos los cines, especialmente el Rex los jueves, en fin, los grupos deportivos del colegio. Como yo había hecho algunos esfuerzos personales sobre este punto, me encargo de hacer comprender a los muchachos la importancia de esta acción y de organizarla un poco según las necesidades y circunstancias.

Mi actividad para este año está, pues, bien establecida.

Estrechar mi amistad con Beslard, no perder contacto con Malcoux, Bigleux y su pandilla, que, a pesar del cambio, sigue su derrotero.

Claro está, permanecer accesible a todos los demás y acoger especialmente a Refief, que por ser un recién llegado se encuentra sin ningún compañero.

Sector «diversiones»: tratar de interesar a Juan Claudio en el asunto por lo que concierne al deporte. Acaba de organizar el equipo del colegio y ha sido inmediatamente nombrado «capitán».

En el barrio, ver de nuevo a Déhais, con el cual me entiendo cada vez mejor. Pero tengo todavía mucho que hacer para ser admitido en los grupos con el mismo título que los demás.

En cuanto a mí personalmente, hacer un gran esfuerzo en lo que respecta al trabajo; el bachillerato está a punto de terminarse; no tengo ganas de repetir el curso, y no estoy muy adelantado. Por lo tanto, no puedo ya permitirme el gusto de callejear y de costar caro en casa. Sin embargo, aún no tengo ninguna idea en cuanto a mi porvenir. Es penoso avanzar sin saber adónde uno se dirige;

me sentiría más animado si trabajase con vistas a un fin.

Mi visión con respecto a los problemas del mundo: pedir algunos libros o revistas a Cristián o al páter.

Para con el Señor:

Orar más para que mi acción sea menos humana; para continuar viendo claro a través de toda mi vida y para que Él me ayude a decir «sí» a todo lo que me pida a través del prójimo y de los acontecimientos.

Ver más a menudo al páter a fin de hablar con él.

Tratar de leer un poco el Evangelio.

Comulgar.

18 DE OCTUBRE. El páter ha aprobado enteramente la carta de Cristián. Me ha demostrado que éste había obrado bien conmigo, impulsándome desde un principio hacia la acción, obligándome así a salir de mí mismo, persuadido de que liberado un poco de mí mismo acabaría por encontrar al Señor en el camino de los demás. Me ha dicho: «Hacer obrar a uno es siempre acercarlo al Señor.»

El gran Hacedor de mi transformación, a través de todo y a través de todos, es el Señor; debo dejarle hacer cada vez más. Mi parte personal consiste sobre todo en el trabajo de desbrozar el camino. Quedan obstáculos en mi vida y está en mi mano el quitarlos, no encarnizándome con ellos, sino teniendo en cuenta al prójimo y dejándome «comer» por él, como dice el páter.

Debo dejar un sitio al Señor, que ahora es mi educador inmediato, razonando lo menos posible a fin de evitar una inútil pérdida de tiempo.

Nada le he dicho al páter sobre María Clara, ya que en ello no hay nada de anormal.

20 DE OCTUBRE. ¡Diez minutos de descanso! Trabajo como un negro repasando mi geografía y mi óptica; me cuesta concentrarme. El pensamiento de Marco me obsesiona; esta mañana han venido a anunciar a sus padres que había muerto en el curso de una emboscada en el Aurès; acababa de ser llamado a filas. Todos los ve-

cinos están conmovidos; no acaban de creer que Marco haya dejado de existir; no hace mucho que yo bromeaba todavía con él en la plaza... Él formaba parte de mi mundo; era el buen compañero con quien había vivido largos años. Lo que me parece atroz es el punto final irremisiblemente grabado al fin de su corta vida. Es como yo, muy semejante a mí, ¡y ya no puede hacer nada! Su vida no está ya en su poder.

Y decir que ha sido menester la muerte de Marco para que un nuevo problema, enorme, surja delante de mí: el de África del Norte, cuyas noticias leía distraídamente en los diarios. Ahora se impone ante mí como una preocupación lacerante. A mis ojos distraídos no se trataba más que de historias políticas sujetas a discusiones, y ha llegado a ser una preocupación personal, ya que Marco ha muerto por eso.

Que yo sepa, otros tres muchachos de nuestro barrio están allí, sin contar con Bertin, que se alistó hace algunas semanas porque salía del colegio técnico y no encontraba trabajo. Seguramente dentro de poco se reunirá con los demás.

... ...

¡La caraba! ¡Imposible trabajar! Sin embargo, yo no puedo hacer nada en absoluto en este drama de África del Norte. Aunque pensase en él sin descanso, así como en todas las otras miserias de la tierra, no daría con las soluciones.

Lo que me exaspera es que, por más que lo repita, no puedo, por tanto, sentirme en paz.

ANTES DE ACOSTARME. Acabo de rezar por Marco. ¿Estaba preparado para presentarse delante del Señor? He tratado igualmente de presentar al Padre el drama de África del Norte, pero creo que sin gran resultado. Tuve la impresión de estar rezando en el vacío, elevando una oración demasiado pesada para mi pequeña oración.

... ...

He leído un pasaje del Evangelio para intentar encontrar un poco de luz y de paz. Abriéndolo al azar he hallado estas palabras: «Os he llamado mis amigos porque os he hecho conocer todo lo que he aprendido de mi Padre; no sois vosotros los que me elegisteis, soy yo quien os escogí para que vayáis, y llevéis fruto, y vuestro fruto permanezca. Os he establecido también para que todo lo que pidiereis al Padre en mi nombre, él os lo conceda. Lo que os pido es que os améis los unos a los otros.»

Me quedo muy turbado: estas líneas me han conmovido; las pocas veces que leía el Evangelio por deber no logré nunca encontrar nada. Esta noche me parece que estas palabras están vivas, que son una respuesta y al mismo tiempo que me impresionan me dan la paz. Debe ser así como hay que escuchar a Dios hablando en el Evangelio.

¡Esta vez he orado!

21 DE OCTUBRE. En la reunión del miércoles propuse varias actividades:

En el Atlético, torneo de ping-pong entre las distintas clases con la participación de un equipo forastero invitado.

Para los de primero y los de matemáticas elementales del colegio, una conferencia sobre jazz, dirigida por Loutrideau, con audición de discos.

Tan pronto como se proyecte una película interesante, tratar de ir a verla en grupo para poder hacer luego una crítica.

En cuanto a mí, todos los martes, saliendo del colegio, y todos los viernes después de cenar, reunión con Varlet en casa de Loutrideau para preparar el círculo de estudios.

Los encuentros para el campeonato tendrán lugar el jueves por la tarde. Yo pasaré el lunes para preparar el torneo sobre el terreno, y pediré al dueño que nos deje poner el anuncio de los equipos y los resultados.

Pero todo esto no me quita el dichoso deber de las

matemáticas: he estado mirándolo hace un momento con Candineau y esperaba un poco de claridad.

22 DE OCTUBRE. Beslard quiere verme para algo de importancia, según parece. ¿Qué va a pedirme ahora? Tenía hoy, más que nunca, un aspecto de preocupación que me hace daño. ¿Dónde está la alegría de este muchacho?
... ...

¡Estoy pensando mucho en María Clara!

25 DE OCTUBRE. Beslard me esperaba; se plantea la cuestión de si ha de abandonar el colegio para ponerse a trabajar. Su hermano parte la semana próxima para entrar en filas, y su padre, que bebe cada día más, lleva a casa solamente una paga muy reducida. Varias veces ha tratado con su madre el caso, diciendo que está a punto para todos los sacrificios que hagan falta; ella quiere que continúe sus estudios. Pero él siente escrúpulos: «Otra vez —dice él— se impondrá ella nuevas privaciones a costa de su salud.» Prácticamente me ha pedido que yo decida. Claro está, yo he rehusado, pero me doy cuenta de que debo darle una orientación: él es demasiado indeciso para tomar una resolución él solo. ¿Qué decirle? Tengo miedo de engañarme. ¿Por qué se dirige siempre a mí? Sin nombrarle a él, voy a pedirle consejo a Cristián.

He regresado con el tiempo justo para comer y he tenido que aguantar una invectiva desagradable de la señorita Tutuna. Se ha creído con el derecho de hacer ver a mamá que ella es demasiado condescendiente conmigo y que pasa por todo. ¡Vaya con la muchachita! ¡En qué líos me veo...!

Hemos dejado listo el plan para el círculo de estudios.

EN LA CAMA. Sería de lamentar que Beslard dejase los estudios; tiene probabilidades de salir bien del bachillerato...

... ...

Ya no tengo tiempo de ocuparme de mí, pero quizá exagero las cosas. Darse a los demás no debe ser sinónimo de descuidarse.

No veo ya a Remigio; su madre me repite, sin embargo, que la puerta de su casa está siempre abierta para mí. ¿No será el miedo de encontrar a María Clara la razón de que no vaya por su casa de vez en cuando? Ha vuelto a parecerme encantadora; es normal. En el caso contrario sería cosa grave: no tendría gusto.

... ...

Voy a ser leal y a registrarlo todo en mi diario: no me he decidido a leer cierto pasaje del Evangelio; tenía miedo de que, si lo hacía, una nueva luz se tradujera en una nueva exigencia...

26 DE OCTUBRE.   Reunión en el colegio, que daba pena. En el grupo, el intercambio de pareceres ha sido más profundo.

28 DE OCTUBRE (a las doce y media de la noche). Al salir de casa de Loutrideau he acompañado a Varlet. Él ha encontrado unos amigos; muy animados ya, tenían ganas de acabar su jornada alegremente y se lo han llevado consigo. Creo que a Varlet no le ha gustado mucho, pero, por otra parte, es tímido y no sabe rehusar. Dejarlo ir solo no hubiese sido noble. Quería impedir que la cosa degenerase demasiado. He tenido éxito refrenándolos, e impidiendo después que se lanzasen a romper nada, distrayéndoles con hacerles tocar los timbres de las puertas y cambiar las tapas de los cubos de basura. Claro está que les he dado la impresión de ser como uno de ellos, y he dirigido la algazara para que no fuesen ellos quienes la llevasen a su gusto y degenerase. Pero yo no me he divertido. Al despedirse, los muchachos estaban contentísimos. «Nos hemos divertido mucho», decían. Me he despedido de Varlet, es-

trechándole efusivamente la mano en silencio; hubiera querido hacerle comprender con este apretón y con mi mirada todo lo que había de vacío en aquella agitación.

La cuesta Lechiblier estaba desierta. La he subido lentamente, fatigado y melancólico, mientras los muchachos iban a dormir, probablemente riendo todavía a causa de esta jornada sin sentido. ¿Qué hacer para infundirles seriedad, a ellos y a todos los demás que no hacen ninguna reflexión a sí mismos? ¡Jamás hay un «¿por qué?» en su vida! ¡A pesar de su corpachón, no son sino unos niños! Yo creo, por el contrario, que ser un «hombre» quiere decir pensar acerca de la propia vida y acerca de la vida del mundo que nos rodea.

En mi pensamiento he recordado a Marco, tratando de imaginarlo con sus compañeros, muerto al borde de la carretera; he revivido las tumbas de Loreto y de Hamburgo, he pensado en los desplazados, en la India, donde los jóvenes mueren de hambre, en todas las miserias del mundo. Me he sentado un momento en un peldaño de la cuesta, contemplando la ciudad y un barco que salía del puerto.

¿Cómo obrar? ¿Qué hacer?

Pegados aquí hay dos recortes de artículos que Daniel no cita de dónde los ha sacado.

La trágica imbecilidad humana

Estas cifras han sido tomadas del discurso del presidente Eisenhower sobre la paz, el 16 de abril de 1953:

«Un carro de combate cuesta 42 millones de francos, o sea el precio de 84 tractores agrícolas.

»Un portaaviones cuesta 47 mil millones de francos, o sea lo que la alimentación gratuita de 4 ciudades de 100.000 habitantes durante un año.

»Formar y equipar una división blindada cuesta 80 millones de francos, o sea 32.000 viviendas de cuatro habitaciones cada una.

»El costo de un solo avión de bombardeo moderno corresponde al de 30 escuelas modernas, o de dos fábricas de energía eléctrica capaz cada una de ellas para una ciudad de 60.000 habitantes, o de dos hospitales perfectamente equipados, o a lo que costarían 80 km de carretera de primer orden construida en cemento armado.»

Balance de la última guerra mundial

Ha costado: 375 mil millones de dólares oro.
Con esta suma se hubiera podido hacer:
Para cada familia occidental, comprendiendo Rusia:
El regalo de una casa por valor de 75.000 francos suizos, equipada con un mobiliario de 25.000 francos suizos, más una entrega de 100.000 francos, y por cada ciudad superior a los doscientos mil habitantes, una dotación de 125 millones para escuelas y otro tanto para hospitales.

Con esta suma se ha hecho:
32 millones de jóvenes han sucumbido en los campos de batalla.
20 millones de mujeres, ancianos y niños muertos en bombardeos.
23 millones de muertos en los campos de concentración.
30 millones de mutilados.
22 millones de personas que han perdido todo su haber.
45 millones de hombres deportados fuera de su país.
30 millones de hogares destruidos.
1 millón de niños sin padres.

29 DE OCTUBRE. Mamá me ha oído entrar esta noche, yo le he dicho que regresaba de la reunión, que se había prolongado un poco. Ha entonado la nueva canción: «Siempre estás de reunión. Por lo visto, tu presencia es indispensable; no se podría hacer nada sin ti... Pero yo me pregunto qué es lo que podéis hacer en estas reuniones. Tú bien sabes que no me opongo a que formes parte de una agrupación; yo también cuando era joven tenía mis reunio-

nes, hacíamos nuestras pequeñas cosas; pero, con todo, no salíamos todas las noches y, sobre todo, no regresábamos a horas inverosímiles. Y, naturalmente, tu trabajo paga las consecuencias. Ya sabes que tienes que aprobar el bachillerato este mismo año; de lo contrario, tu padre no podrá continuar pagando tus estudios; todo sacrificio consentido tiene un límite. Justamente estos días me preguntaba cómo podría llegar al final del mes. No te das cuenta de nuestras dificultades, ¡vives tan despreocupado!»

... ...

No encontrar placer alguno en un alboroto estúpido es lo más normal; pero lo que me inquieta sobre todo es no hallar gusto alguno a ciertos agradables entretenimientos con los compañeros. Exteriormente soy para ellos el Daniel que bromea y hace reir a los demás, el bromista esperado en los grupos; pero allí donde yo actuaba espontáneamente tengo que forzarme ahora. Represento mi personaje, pero se convirtió en un papel de comedia y cada vez que lo interpreto me .queda la penosa impresión de vacío de que hablaba ayer.

Siguen dos textos del Evangelio anotados sin explicación alguna. Otros se verán más adelante, y parecen indicar que Daniel comienza a leer y apreciar su Nuevo Testamento:

«Venid a mí todos los que estáis fatigados y andáis cargados, que yo os aliviaré» (Mt 11, 28).
«Yo soy la luz del mundo; el que me sigue no anda en tinieblas, sino que tendrá la luz de la vida» (Ioh 8, 12).

30 DE OCTUBRE. Remigio me ha prestado una buena ayuda en las matemáticas: hemos trabajado toda la tarde en su cuarto, con un intervalo para escuchar los resultados del fútbol. Sus padres han insistido de tal manera para que me quedara a cenar (han dicho que soy una buena

«relación» para su hijo, según me dijo Remigio), que hemos ido a avisar a casa. Mamá lo ha aprobado porque «Remigio es un buen compañero» (la misma expresión que para Juan Claudio: de puertas afuera se es siempre un buen muchacho).

María Clara se hallaba casi frente a mí. Se levantaba de vez en cuando para atender al servicio de la mesa; hablamos seriamente, ya que ella no es una muchachuela, sino una joven reflexiva, que ve las cosas con claridad, y que, sin embargo, sabe sonreir y es verdaderamente agradable. Se interesó en verdad por nuestro apostolado en el colegio y en particular por mi participación en el capítulo diversiones. Estoy seguro de que en el instituto ella influye en su clase, aunque no forme parte de ningún grupo organizado.

... ...

María Clara es de esas muchas que saben imponerse por su perspicacia. Esta noche, cuando servía, varias veces, al inclinarse sobre mí, me ha rozado con sus lindos cabellos sedosos; al postre, cuando insistió en llenarme el vaso, tuve que cogerle el brazo desnudo y apartárselo sonriente. Claro está que me acuerdo de la caricia de sus cabellos, de la finura de su contacto, y me hubiera gustado prolongarlo; pero ningún deseo turbio me ha pasado por la cabeza, porque María Clara resplandece de pureza.

Estoy satisfecho del rato pasado allí; he olvidado por un momento mis preocupaciones y mis trabajos. Me gusta esta tranquilidad apacible como un rayo de sol que traspasa y disipa la niebla.

¡Gracias, Señor!

4 DE NOVIEMBRE. Después de cenar, unos minutos de entretenimientos antes de emprender el regreso. ¡Qué desdicha, tener que volver a salir! Pero espero que por esta vez habremos terminado con la preparación de este tema. Preferiría cien veces quedarme en mi cuarto esta noche. Es curioso, desde hace un tiempo gusto más de la tran-

quilidad de la casa; me doy cuenta de que complazco a papá poniéndome a discutir con él y yo mismo encuentro interés en ello. ¡Con pareceres distintos, al final congeniamos! Es gracias a él. Él no lo dirá, pero yo sé que ha hecho esfuerzos para comprenderme, y puesto que no me considera ya un chiquillo, sino más bien un compañero, toda la desconfianza — las más de las veces inmotivada —, que sentía contra él, ha desaparecido. Es algo extraordinario, me siento a mis anchas con él. Hace un año no lo hubiera creído posible. ¡Llegar hasta este punto! Todavía disputamos a propósito de mi acción de apostolado, que él no comprende; pero es de igual a igual.

Juan Pedro, por el contrario, no tiene más que un deseo: marcharse de casa. Es insoportable, responde tontamente a toda cuestión y sobre todo de una forma poco digna; yo creo que pasa actualmente por lo que yo pasé. Sin mi diario me costaría trabajo comprenderlo, ya que viéndolo y oyéndolo llego a pensar: «Yo no era tan brusco ni tan injusto, a pesar de todo.» ¿Estas incomprensiones son inevitables? Yo no lo pienso así. Algunos compañeros cuya evolución he visto me han dado la prueba.

Sería conveniente que ayudase más a Juan Pedro; debe sufrir.

¡Recórcholis!, son las nueve menos cuarto. Tengo el tiempo justo para irme. ¡Qué desdicha!

... ...

«Yo soy la verdadera vid y mi Padre es el labrador.

»Todo sarmiento que no lleve fruto en mí, él lo cortará; y todo sarmiento que lleve fruto lo podará, para que lleve más fruto.

»Permaneced en mí, y yo permaneceré en vosotros.

»De la misma manera que el sarmiento no puede llevar fruto de sí mismo si no permanece unido a la vid, así tampoco vosotros si no permanecéis en mí» (Ioh 15, 1-5).

DOMINGO POR LA NOCHE. Dolor de cabeza terrible. La aspirina no me hace nada, y voy a acabar por echar a perder mi estómago. Según mamá, es porque trabajo sin norma. Tiene razón. ¡Pero ella no ha de examinarse de bachillerato al final de curso!

Estoy casi al día, salvo en matemáticas, cuyo programa de segundo debía repasar.

Antes de acostarme he de leer el último número ·de *Tele-cine* que me ha dejado Cristián [22]. Mañana he de ver a los muchachos de segundo: ninguno sabe cómo organizar el torneo de ping-pong. Esos mostrencos van a echarlo todo a perder. ¡No saben encontrar un responsable en su clase!

Conviene a toda costa que vuelva a establecer contacto con los de la plaza Thiers; lo he descuidado. Me pasaré por allí antes de regresar, si es que tengo ánimos para hacerlo.

En el recreo he de ver a Malcoux a propósito de la discusión del sábado.

¿Cuándo podré descansar cinco minutos?

... ...

JUEVES DÍA 10 DE NOVIEMBRE. ¡Es deplorable! ¡Me siento asqueado y contrariado: esto va más allá de lo imaginable! No sabemos nada. Nosotros, que vivimos felices, llevamos los ojos vendados y estamos satisfechos con nuestra cómoda paz al lado de semejantes horrores. Yo pierdo el tiempo en mis pequeñeces de torneos de ping-pong y conferencias sobre jazz mientras hay hombres que mueren y hay que darle la vuelta a todo... La tranquilidad de Cristián me exaspera: por tanto, no siente nada. Me pregunto dónde se esconde esa sensibilidad, si es que existe. Su prudencia me fastidia, ya que, sin reparos, él tiene razón. Ha refutado todos mis argumentos, uno tras otro, demostrándome que una acción de gran importancia no será valedera más que si está preparada por

---

22. Loutrideau, Cristián y dos o tres compañeros de su clase habían suscrito un abono común a «Telecinema». De esta forma adquirían una cierta información cinematográfica que les ponía al corriente para juzgar con más competencia las películas que iban a ver.

una acción de cada día, minuciosa: amar a los hombres, amar al mundo no se improvisa. Evidentemente, concede que faltaríamos a nuestro compromiso de hombres si no tuviésemos presente desde ahora en nuestra memoria y en nuestro corazón los monstruosos problemas del momento.

... ...

Sé que uno viviría en plena ilusión si se lanzase a una acción de gran importancia sin haber hecho la prueba de la solidez y de la fidelidad de nuestra entrega.

Sé que, visto desde la fe, el más pequeño acto tiene un valor infinito, si es obra del Señor a través de nosotros. Yo sé, yo sé, yo sé; pero ya empiezo a estar harto... ¡Harto de estas pequeñas exigencias que se me llevan todo mi tiempo y a mí mismo! Si acepto, todo pasará. Quisiera *poder respirar, pensar en mí, vivir un poco para mí.*

Me he preguntado cuál haya podido ser la causa de un trastorno semejante, Daniel me lo explicó: Cristián lo había llevado aquel día a visitar varios barrios insalubres de la ciudad; se habían paseado mucho rato por entre las cabañas hechas con planchas metálicas de desechos y con pretensiones de casas: habían conversado con algunos habitantes de aquellas barracas, habían visto a los niños jugar en los solares que quedaban baldíos, chapotear en el barro y las inmundicias. ¡Que existiesen semejantes zonas en casi todas las ciudades, cosa que desconocen los que no se han tomado la molestia de verlo!

Daniel no olvidó jamás esta visita; en el momento en que comienza a flojear ante las exigencias de su entrega, fue como un nuevo soplo que avivase el fuego ante la tentación de huir, pero también para amedrentarlo. No podía olvidarlo, no podía declinar su responsabilidad: «hombres que morían...»

14 DE NOVIEMBRE. Éramos tres en la última reunión preparatoria para el torneo, ¡tres, de nueve que éramos al principio! ¡Es para descorazonarse! Lo más bonito ha sido

la respuesta de Juan Claudio, a quien regañé por no haber venido: «Estás de guasa: tengo otras cosas que hacer.» Como si yo hiciese todo esto por darme gusto. Moverse durante quince días para animar a los muchachos, preparar mis anuncios, entenderme con el dueño del Atlético, buscar dinero para comprar las pelotas, etc..., ¡y como resultado, cero! A los chicos les importa un bledo.

Desanimado, he ido a casa del pater. Esperaba una palabra de aliento, una especie de aprobación que me hubiera hecho estar seguro de mí. Pues bien, ¡hasta esto me ha faltado!

—¿Has preparado bien las cosas? ¿A quiénes habías interesado en el asunto? ¿No has tenido demasiada confianza en ti mismo? ¿Y al Señor, le has dicho alguna palabra? Él se interesa también por los partidos de ping-pong, sobre todo cuando la apuesta significa la unidad de una clase o de un colegio.

Yo no he sabido qué responder, pues no esperaba esta clase de exordio y examen de conciencia. Entonces el páter me ha mirado, con su mirada que a veces infunde confianza y a veces llega a molestarme: «Amigo Daniel, ¿no será que tú caes en el defecto de la acción por la acción? Ve con cuidado, ya que el Señor podría entonces ponerte obstáculos en el camino. Tienes todavía demasiada confianza en ti mismo, y no has de olvidar que tú no puedes nada y que Dios solo lo puede todo. El fracaso es también un regalo de Dios, ¡pero sólo digerible para los individuos que tienen estómago capaz!»

¡Por suerte me ha dado un buen apretón de mano...! ¡Pero él también me fastidia!

POR LA NOCHE (en la cama). ¡Si hay que ser capaz de obrar sin gozar siquiera del éxito, eso será la perfección! Todo, al mismo tiempo, se escabulle en el momento en que veo con mayor claridad lo que conviene hacer ¡y tengo ganas de hacerlo!

... ...

He intentado orar, pero no he hecho más que soñar. Es María Clara quien me ha alejado de todas estas preocupaciones; es tan deliciosa, que pensar en ella me tranquiliza y reconforta. Hace que lo olvide todo. Por otra parte, eso quizá no sea correcto... Y sin embargo...
... ...

Será mejor que trate de dormir.

Señor, vos sabéis bien que acepto todo lo que queráis, pero no me dejéis en la duda; os lo ruego, habladme claramente...

¡Sin embargo, no seáis demasiado exigente; tengo miedo!

21 DE NOVIEMBRE. He defendido la Iglesia con encarnizamiento. No sé cómo ha sido que hablásemos de ella. Loutrideau elogiaba la del campamento y criticaba la de las parroquias. Muy convencido le he observado, que si él se hallaba tan atrasado esperitualmente era muy de lamentar. ¡Como si la misa no fuese en todas partes «la Misa», independientemente de los hombres y de las cosas que la rodean! Que a los quince o dieciséis años, cuando se empieza a evolucionar religiosamente, se pare en las cosas exteriores, es comprensible; pero en él no está bien. De aquí a discutir todos los problemas de la Iglesia no hay más que un paso. Él ha puesto en juego toda su batería: la riqueza, los escándalos, la autoridad de la Iglesia, su doctrina social, los espíritus hipócritas, todo al por mayor. Yo no me he defendido mal, tratando de explicarle que la Iglesia, si bien es divina, está enraizada en los hombres, que todo, por tanto, no es perfecto, sino al contrario; pero que su continuidad, a través de errores y caídas, es una prueba de la presencia de Dios en ella. Él ha admitido que los muchachos se refugian con demasiada frecuencia detrás de estos argumentos para excusarse de una verdadera vida religiosa.

Estimulado por la discusión, una vez más he discutido con ardor. No sé cómo he podido hacerlo con tanta convicción tratándose de un tema como éste, yo que con frecuencia me he lanzado sobre este problema de la Iglesia, debatiéndome contra todas las dificultades que él me planteaba hace un momento, yo que aun ahora sería incapaz de confesarme con otro sacerdote que no fuese el páter, sabiendo, sin embargo, que mi posición es ridícula y que debo superar esta reacción de adolescente.

Fue un poco más tarde cuando llegó a comprender el verdadero sentido del «sacramento de la penitencia». Permaneció demasiado apegado todavía al sentido negativo de la «confesión de los pecados», con todas las dificultades psicológicas que implica el examen de conciencia y la acusación de los pecados.

El aspecto positivo del sacramento «don de Dios» lo vio después de una discusión en un círculo de estudios; se sintió aliviado, ya que no sólo descubrió un arma contra el mal en sí mismo, sino un arma contra el mal en el mundo: por el sacramento de la penitencia la Iglesia había recibido de Cristo la misión de luchar contra el pecado, y Él, por su gestión personal, se prestaba a la inserción de esta redención en el mundo.

DOMINGO. Me he enfadado con Cristián: alguna cosa no marcha del todo bien en nuestra amistad. Sin género de duda la cosa ya no es como antes, pero yo no sabría encontrar la razón, y esto me hace sufrir. Hay ratos que uno se siente casi molesto con el otro, y ya no sabemos qué decirnos. Cristián me da la impresión de un poco desorientado. Hoy, a pesar de mis esfuerzos, me ponía nervioso. He acabado por encontrar una excusa para marcharme a casa más pronto.

A LAS 12 DE LA NOCHE. He ahí lo que devuelve el buen humor: una buena tertulia con Jorge, mamá Elena y la Tutuna. ¡Hemos aplastado a las dos mujeres! Yo he sacado partido de una manera loca del descontento de la Tutuna, que no podía digerir su evidente inferioridad.

Papá, en connivencia conmigo, no ha cesado de importunarla; ella estaba roja de furor, tanto más cuanto que nosotros lo hemos aprovechado para afirmar la superioridad de los hombres en todas las materias. Su gran manía actual consiste justamente en querer demostrarnos lo contrario; saca sus argumentos de «Selecciones». Estoy satisfecho de esta expansión; era para morirse de risa.

13 DE DICIEMBRE. ¡Pues bien, sí, la amo! La amo como jamás he amado a una muchacha.

Hace un momento estaba detrás de mí, sentada en un silloncito, haciendo punto mientras Remigio me enseñaba un número especial de *Ciencias y Viajes*. Ni siquiera he prestado la menor atención a los dibujos y fotografías y mucho menos aún a las explicaciones que él me daba. Buscaba los menores pretextos para volverme: una silla que no estaba bien colocada, el fuego del hogar que crepitaba supuestamente de una forma anormal, alguien que entraba y, por último, algunas reflexiones corteses que de tiempo en tiempo le dirigía con un aire falsamente indiferente. Al fin me di cuenta de que la veía a través del espejo; no tuve ya ojos más que para mirar en dirección de la chimenea. Esperaba que Remigio se alejara, lo invitaba directamente a ir a buscar toda la colección en su cuarto; me imaginaba confusamente que entonces María Clara me diría algunas palabras, revelando su estado de ánimo, que no podía ser indiferente cuando mi emoción era tan intensa. ¿Por qué no dejó su labor ni siquiera cuando me dijo adiós con su manera gentil, en verdad, pero sin más...?
... ...

No hay manera de dormirse; tres veces he encendido la luz. Traté de estudiar la física, me puse a leer una novela e intenté inútilmente ponerme a orar. ¡Todo en vano! Ella estaba delante de mí: la veía, la frente inclinada sobre su labor, la expresión clara y atenta. Me atrae.

No quería confesarlo, pero me veo obligado a reconocerlo: desde el primer día ella me conquistó y ahora estoy loco por ella. ¿Qué hacer? ¿Hablarle? ¿Ver a Cristián? ¿Al páter? ¡Imposible! ¿Qué dirían ellos? Me aconsejarían que no siguiera adelante. ¡Pero es demasiado tarde!

¿Qué hacer...?

15 DE DICIEMBRE. Esto es la muerte. Estoy literalmente obsesionado y, a pesar de todo, debo vivir mi vida como si no pasara nada. ¡Obro como un autómata: el corazón no cuenta, está en otra parte!

El corazón de Daniel está en otra parte, pero él continúa su acción de apostolado. Tú te darás cuenta sin duda de esta muy notable evolución de sus reacciones frente al amor. Jacqueline no era más que el primer encuentro con la muchacha en general, iba a decir con la feminidad: Jacqueline hubiera podido llamarse Ana María, Dominica..., sin que nada cambiase. Lucette, por el contrario, era el descubrimiento egoísta, buscar el amor «para sí mismo», Lucette apartaba a Daniel de todo lo demás, lo «cautivaba» (lo hacía cautivo); por este motivo tal amor estaba destinado inevitablemente al fracaso. María Clara, en cambio, seduce profundamente a Daniel, pero sin privarlo de su trabajo ni sustraerlo de su entrega a los demás. El gusto pierde simplemente su sabor y permanece firme la voluntad. Es lo principal y es una buena señal. Es posible que, esta vez, Daniel obtenga éxito en su amor si acepta no buscarse a sí mismo, si acepta hablar sobre el caso y dejarse aconsejar.

17 DE DICIEMBRE. Suplico a Dios que me dé su luz, pero Él no me dice nada.

Más bien debería escribir que yo no quiero escuchar su respuesta. ¡Realmente tengo miedo de que me pida alguna cosa imposible!

24 DE DICIEMBRE. Hubiese querido decírselo, pero no me he atrevido. Una vez más creo que el páter me ha comprendido; no he sabido disimular mi angustia. Se no-

taba que él sufría por no poderme ayudar. Ha sido por culpa mía: ¡debía haber hablado!

27 DE DICIEMBRE. Una carta de Cristián viene a turbarme más todavía. ¡Pobre Cristián! Sufre por mi causa, sin que yo sea capaz actualmente de devolverle aquello de que se ve privado.

«Mi querido amigo Daniel:

»No sé cómo expresarte lo que has debido sentir tanto como yo. Hace más de un mes que nos hemos separado el uno del otro, tú pareces huirme y cuando estamos juntos un desasosiego incomprensible nos paraliza; esto no marcha ya como antes. Por mi parte he tenido que buscar varias veces temas de conversación, sin lograr disipar el malestar existente entre nosotros. ¿Qué es lo que no va bien? Lo he buscado sin encontrar respuesta. No creo haberte dado motivo de disgusto o de agravio; en todo caso habría sido de una manera involuntaria y tengo suficiente confianza en nuestra amistad para pensar que tú no darías importancia al caso. En la duda e incertidumbre me apeno más de lo que te puedes imaginar, ya que te amo francamente como a un hermano. Quizás he cometido la torpeza de no haber sabido expresar mi afecto. Me lo has de perdonar; yo soy, tú lo sabes, de carácter reservado; siento el pudor de mis sentimientos y sufro por no poder exteriorizarlos.

»Será conveniente que nos demos explicaciones de un modo franco. Esta situación es demasiado penosa y lo que hemos comenzado juntos es demasiado hermoso para que todo acabe en la indiferencia.

»Sabe también esto, pues no te lo había manifestado lo suficiente: *tengo necesidad de ti.*

»Ven a verme cuando quieras o respóndeme, si esto no te causa molestia alguna. Con toda mi amistad, amigo Daniel.

»Cristián.»

...Sí, claro está, pero ¿qué puedo yo decirle sino acabar estando de acuerdo con él? El hecho de estar de acuerdo no cambia nada; subsiste la causa de que ya no experimento la misma alegría al charlar con Christián y que él me exaspera a menudo sin que yo sepa exactamente por qué.

Le debo muchas cosas, lo reconozco; a menudo hubiera querido incluso saldar esta cuenta, pero yo no podía dar lo suficiente a cambio. Y, además, Cristián me ha llevado demasiado lejos; culpa suya es que de «sí» en «sí» me encuentre allí donde estoy actualmente, debatiéndome en medio de todas las exigencias de una entrega en favor del prójimo, consciente de una cantidad de problemas que implacablemente él me ha señalado con el dedo. ¡Sí, secretamente le tengo rencor: él tiene la culpa...!

... ...

Sin embargo, no puedo decirle nada de esto, porque yo, igual que él, tengo interés en salvaguardar esta amistad. Por otra parte, tengo confianza: ¡él es bastante profundo para poder superar las dificultades actuales!

Daniel, sin descubrir todas las razones de la crisis de su amistad con Cristián, esboza, sin embargo, algunos aspectos esenciales: ha recibido mucho de él; en el momento en que se da cuenta de ello no puede escapar a la reacción de enojo y orgullo de todo aquel que debe. Además, él continúa admirándole; su vida recta y generosa es para él una invitación constante y un reproche en el momento en que la duda le asalta. Verse con él es verse con su conciencia y este cara a cara le irrita.

Pero Daniel no ha visto o no ha querido ver la falta de sinceridad que se insinúa en sus relaciones para con Cristián; no le ha hablado de María Clara. Por lo tanto, una amistad comienza a flaquear tan pronto como el intercambio deja de ser total. En fin, el desplazamiento de su sensibilidad en favor de María Clara no ha hecho más que acentuar la evolución de una amistad adolescente hacia una amistad adulta. No se trata más que de una crisis de crecimiento. La amistad no muere porque se atenúe su envoltura excesivamente sensible; por el contrario, es el signo de una mayor profundidad si los dos amigos son bastante ricos para repartirse otra cosa que sus emociones. Pasada esta prueba, van a parar a la amistad definitiva, que triunfa de todas las separaciones o de las fluctuaciones de la vida.

El problema no se plantea para Daniel y Cristián; son demasiado concienzudos para llegar a ello.

1.º DE ENERO DE 1956. No me sentí animado al regresar a casa a las dos de la mañana, decepcionado y fatigado. Sin embargo, había esperado otra cosa de esta noche pasada con los compañeros en casa de Bigleux. Quería olvidar y reir y, sobre todo, tenía necesidad de reir, de armar bullicio, de aturdirme, de encontrar de nuevo mi poder de animador de fiestas, de jaranero, y desde el comienzo he notado que se me escapaba de nuevo. Algunos vasos que he bebido para excitarme no me han espabilado como yo lo esperaba: ninguna cuerda respondía.

Noche, sin embargo, bien agradable, que en otras circunstancias hubiera disfrutado como los demás. Un Lionel Hampton en fondo sonoro, algunas velas acá y allá a manera de alumbrado, los muchachos sentados en la cama o en el suelo, y en medio de todo esto la inenarrable madre de Bigleux, riéndose a causa de nuestras originalidades, que consideraba ingeniosas ocurrencias. Cada vez que entraba para servirnos fiambres, dulces o vino, nos dedicaba una pequeña reflexión amable. Hacia las once, deseosos de movernos y con la garganta seca, nos hemos dirigido a la cervecería Jackie, en donde estábamos casi seguros de encontrar algunos compañeros. A pesar de la música, los gritos, los cantos, el ambiente que todos encontraban «estupendo», me he aburrido como nunca. Han debido notarlo; yo, sin embargo, hacía esfuerzos para evitarlo; pero tenía una melancolía tan grande que poco ha faltado para que me echase a llorar... No me sentí aliviado más que cuando nos marchamos y todavía tuve que oir a Malcoux: «La próxima vez, si estás como hoy, te lo ruego, más vale que te quedes en casa.»

¿Por qué escribir esto? Solamente el pensarlo me da náuseas.

2 DE ENERO. Con el pretexto de felicitar el año nuevo a Remigio, he intentado volver a ver a María Clara. ¡Pero no estaba allí!

6 DE ENERO. Es inútil querer tergiversar, el dilema está claro: de un lado estamos María Clara y yo; del otro, el peso de todo lo que he llegado a descubrir. He de escoger, ya que no puedo partirme en dos. He procedido con demasiados rodeos, buscando sin esperanza otras salidas; es inútil quererme persuadir más de que una posición intermedia salvaguardaría las dos soluciones; pierdo el tiempo. Represento la comedia y me consumo.

Daniel plantea mal el problema: no se trata de escoger entre el amor de María Clara y su entrega en favor del prójimo; son dos problemas distintos, para los cuales el Señor reclama una doble respuesta generosa. Por una parte, no hay ninguna razón para que Daniel renuncie a su amor por María Clara; su sentimiento es legítimo y puro, pero Dios reclama de él un amor auténtico, es decir, a base de olvido de sí y entrega de sacrificio. Por otra parte, el prójimo le invita a una entrega total. Daniel retrocede, es evidente, tiene miedo, lucha, se siente tentado a ceder, y la tentación sutil adopta el rostro de María Clara.

Ante su conciencia, los últimos sobresaltos de su egoísmo apurado se esconden detrás de su amor: «Si tú dices sí a tu prójimo, renuncias a María Clara.» Esto no es verdad. Tú puedes decir sí a tu amor, Daniel, si le pones precio. Pero de hecho se trata, sobre todo para ti, sitiado lentamente por el Señor a través de las cosas, los acontecimientos y las personas, de decir «sí» o «no» al prójimo y al mundo.

7 DE ENERO. Cristián no se ha marchado calmado. A pesar de mi deseo de apaciguar sus inquietudes y de asegurar algo que estaba flojo, no he encontrado las palabras y la convicción suficiente para persuadirlo de que no existía nada entre los dos, que eran imaginaciones suyas y de que por mi parte todo estaba igual. Debo decir que le quiero; me doy cuenta de ello por la pena que he pasado por no haber reanudado las relaciones más pronto. Hace un momento he visto clara la solución: hablarle de María Clara; esta prueba de confianza total hubiese sido el remedio. No he tenido ánimos para hacerlo.

Para no olvidarlo: prestar a Pablito el esquema de mi disertación, ir a ver a Beslard que me llama, espero que pronto estará bien.

De paso, llevarme de su casa el último número de *Artes Caseras*, que hace las delicias de mamá.

Pasaré por casa de Remigio, pero espero ser más dichoso que anteayer...

... ...'

¡Qué burro! ¡Había dejado mi cuaderno enteramente abierto sobre la mesa de mi cuarto...!

Durante estas semanas de silencio y los días que las han precedido, Daniel estuvo más sombrío que nunca; Cristián estaba desolado por ello. Sus otros compañeros también lo advirtieron. No obstante, me diría más tarde que a pesar de su desabrimiento y del esfuerzo sobrehumano que tenía que hacer, continuó trabajando casi a pesar suyo.

25 DE FEBRERO. ¡Desde hace un mes no he escrito ni una palabra! ¿Qué tenía que escribir sino mi fracaso en toda la línea?

He buscado la manera de hablar con María Clara; no he logrado más que migajas de conversación sin interés. He buscado todavía con encarnizamiento la manera de insensibilizarme, el martes lardero sobre todo: he chocado contra un verdadero muro, como si algún desconocido se complaciese en poner barreras en todos mis caminos. Arreglándomelas para no ir solo a casa del páter, he evitado el diálogo molesto; fracaso también de mi oración, que se refugiaba en fórmulas para no abordar el meollo de la cuestión.

En total, que me hallo siempre en el mismo punto: no he decidido nada; pero me confieso vencido, he fracasado en toda la línea. Estoy listo...

¡Ayer noche lloré!

27 DE FEBRERO. Al salir del colegio me he separado enseguida de los compañeros, porque tenía necesidad de encontrarme solo. He entrado en la iglesia. Apenas arrodillado, cautivado por su «presencia» me he sentido a punto de naufragar, de decir al Señor: «De acuerdo, sin condiciones, sobre todo lo que vos queráis.»

...No he tenido sino el tiempo de ponerme a salvo como un loco.

28 DE FEBRERO. ¡No! No iré de ningún modo a este retiro, sobre todo a un retiro sobre el amor...

3 DE MARZO. ¡Que se las compongan como puedan: yo no soy indispensable para recibir a los muchachos!

Daniel hace aquí alusión a una nota que Remigio le había hecho llegar aquel día. Estaba en medio del cuadernito; hela ahí:

«Daniel:

»Tú sabes que yo no podré ir mañana al retiro a causa de mi tío. Yo estaba encargado de recibir a los muchachos. Sustitúyeme; es tanto más importante ya que habrá algunos nuevos: conviene que no se sientan extraviados. ¡Gracias!
»Remigio.»

... ...

¡Vaya! Lo que faltaba: la Tutuna acaba de irse; ha encontrado a Juan Claudio. Él se decide a venir y ella está muy contenta de anunciármelo: mañana por la mañana me esperará, pues no quiere ir solo, ya que es la primera vez que va a asistir a «mi truco».

¡«Mi truco»! ¡Que se espabile, me fastidia ése también, tengo yo ya bastante conmigo!

DESPUÉS DE CENAR. ¡Pues bien, iré al retiro...! ¡Iré! Al darle las buenas noches le he dicho a mamá que me deje dormir toda la mañana.

—Yo creía que tenías una reunión...

—Sí, pero no tengo ganas de ir.

Me ha mirado muy sorprendida, tanto que he rectificado inmediatamente: «En fin..., ya veré.» Y este «ya veré» yo sé muy bien que quiere decir que sí.

Mamá, preocupándose ahora por mi asistencia a las reuniones: ¡ya es el colmo! Y sin saberlo, después de tanto resistir, ha sido ella quien ha hecho que me decida.

¡No lo entiendo: no soy ya ni siquiera libre en tomar mis decisiones!

DOMINGO POR LA NOCHE. Yo no quería escuchar porque sabía que iba a encontrar una respuesta, pero no podía dejar de oir. He acabado tomando notas para no perder la mayor parte de las ideas que esclarecían en verdad el problema de toda mi vida. Ciertas cosas me hacían daño, pero he hecho el esfuerzo de escribirlas, al menos.

Las releeré en la cama.

Por mi parte, las he leído con dificultad:
Están garrapateadas en dos hojas de bloc, escritas en todas direcciones, entre los dibujos y bosquejos más variados; están incompletas, pero, sin duda, Daniel no escogió al azar estas ideas o aquellas frases. Sus compañeros tomaron nota de modo distinto.

Todos los hombres desean amar y ser amados.
Bien o mal, todos los hombres aman. En el centro de

la vida humana existe el grande, el eterno deseo de amar y de ser amado.

El adolescente, que es un hombre que se está haciendo, ¿no se dirige acaso todo él en cuerpo y alma hacia el amor?

¿De dónde viene el amor?

Para toda corriente de agua hace falta una fuente; a esta irresistible corriente de amor que pasa por el corazón de todos los hombres desde el origen de todo, le hace falta un origen, un amor que sobrepase todos los demás amores, un amor que sea eterno, infinito. *El amor viene de Dios.*

«Dios es amor» (san Juan) y Él no es otra cosa que eso.

Desde siempre yo he sido amado por Dios.

Yo soy un pensamiento de amor de Dios.

Busque por donde quiera, aunque sea en la más pequeña parcela de amor auténtico, en cierto modo Dios está allí presente, algo así como el sol está presente en sus rayos.

Suscitar actos de amor (hacer que los demás actúen) es aproximarlos a Dios.

¿Amo de una manera auténtica?

De hecho, con frecuencia me amo a mí mismo.

Ejemplo: yo digo que amo los cigarrillos. Esto no es verdad. Yo me amo, puesto que tomo el cigarrillo para mi servicio destruyéndolo.

Ejemplo: yo quiero a una muchacha. ¿Es verdad? ¿Acaso no la tomo para mí? ¿Para disfrutar de su presencia, de sus encantos? De hecho, me amo a mí en gran parte.

Amar es el acto contrario, ya que es olvidarse en favor del otro. Olvidarse enteramente por los demás, morir a sí mismo en provecho de los demás, crucificarse por los demás, ya que después del pecado hay que hacer un esfuerzo para olvidarse de sí mismo y la muerte resulta siempre algo violento.

Amar no es cosa fácil.

En todo amor verdadero hay forzosamente sufrimiento y muerte. Pero al final de la muerte está la vida, el gozo (resurrección). Lo que hace *sufrir inútilmente* y quita la paz es el egoísmo o el rechazo del amor.

¿Amar es sentir?

No, la sensibilidad es otra cosa. No es indispensable para el amor al prójimo; de lo contrario, jamás podríamos amar a nuestros enemigos tal como el Señor nos lo ha pedido. Dios ha permitido la sensibilidad para ayudarnos a amar, a salir de nosotros mismos. En el matrimonio, por ejemplo, tiene un lugar importante. Pero la raíz esencial del amor está en la voluntad; querer el bien del otro.

¿Puede aumentarse la fuerza del amor?

Sí.

1.º Amándose cada vez menos uno mismo. El amor dirigido hacia uno mismo es un amor perdido, un amor que por sí mismo se destruye. Cada vez que yo recupero un poco de ese amor dirigido hacia mí y lo vierto hacia los demás, aumento mi capacidad de amor, evito una pérdida de amor.

2.º Haciendo entrar cada vez más a Dios en mi vida, ya que Él es la fuente del amor.

¿Cómo amar?

Con el corazón de Dios (la gracia).

Amar con la gracia es hacer de manera que Dios ame al prójimo por nuestra mediación.

Comulgando, que es tomar consigo el Amor infinito.

Hay que comulgar para ser un amante perfecto.

Lo que sigue fue anotado en el transcurso de la tarde. Los muchachos habían apuntado por escrito y anónimamente todas las preguntas que tenían que hacer con respecto al amor en general. Por lo visto, Daniel no tomó nota más que de lo que le interesaba por el momento:

Cuando se tienen diecisiete o dieciocho años no se puede estar seguro de amar para siempre (no se está todavía totalmente desarrollado). Uno tiene, es verdad, el derecho de querer a una muchacha cuando se es joven, pero hay que amar «auténticamente», es decir, por ella misma (dejarla libre hasta el momento en que razonablemente se le puede ofrecer el matrimonio).

Un amor de jóvenes no puede sobrevivir si no es un amor silencioso y discreto. No hay que dejarlo crecer demasiado pronto. Los impacientes que no quieren callarse o dominar sus sentimientos demasiado vehementes condenan a muerte su amor. De esta manera la flor no puede permanecer siempre flor, se marchita y cae.

El joven que ama debe guardar *su amor en capullo*. No se trata de matarlo, sino de preservarlo y de asegurarle su desarrollo.

Dos adolescentes que se quieren no pueden «frecuentarse» como dos novios, o, por el contrario, su amor se marchitará en seguida, se pudrirá y caerá, ya que es demasiado pronto para que lleve fruto. No deben buscar para encontrarse otras ocasiones que las naturales y han de comportarse entre ellos con simplicidad y claridad, como dos buenos amigos.

Los que no han obrado así deben volver poco a poco sobre sus pasos, desandando lo andado. ¡Si la muchacha no sabe comprender, es mala señal!

Dios ve nuestro amor: si es leal, puro y verdadero, no puede escapársenos, ya que *su gracia lo guarda y enriquece*.

No hay más que un método para lograr éxito en el amor: aprender a amar entregándose a todos.

Inspirar confianza.

EN LA CAMA. Amar es algo extraordinario. Muy joven lo he presentido y me ha obsesionado a ratos, por el deseo de excederme, de entregarme. He buscado estúpidamente solo durante meses y meses. He intentado amar y he fracasado. Ciertos aspectos los he comprendido por fragmentos, pero penosamente, sin una visión de conjunto.

La primera emoción lejana fue con Jacqueline, la irrupción de Lucette, con la dolorosa herida que siguió: el lento y penoso descubrimiento de la existencia del prójimo que insensiblemente me arrebataba de mí mismo; el drama del mundo bruscamente, con toda su claridad, y luego María Clara, que no es sino un amor de niño... ¡María Clara...!

Y detrás de todo la eterna y misteriosa invitación de Dios. Él estaba allí para conducir y purificar.

«El amor viene de Dios.»

Yo hubiera podido evitar haber andado tanto tiempo a tientas si no hubiese habido en mí tal falta de simplicidad, tantas tergiversaciones, egoísmos refractarios, reticencias para con Dios.

¿No será que tengo ideas falsas sobre el amor? ¿Acaso amo auténticamente? ¿Es verdad que recurro a todos los medios para amar cada vez más? ¿Me encuentro con un amor humano o bien trato de divinizarlo?

¿Qué es lo que hay que hacer? Escoger el amar de verdad una vez por todas; es decir, escoger el olvidarme enteramente en favor del prójimo; es decir, frente a María Clara no abandonar mi amor, lejos de esto, pero, por el momento, aceptar el silencio...

«Guardar mi amor en capullo», como decía el páter no hace mucho.

... ...

Esto no es posible: ¡si ella se me escapase! Y si yo digo «sí», lo sé, no habrá ya manera de pararme, me deberé en todo a todos... siempre.

¡No, esto es imposible!

Yo esperaba a Daniel. Él vino.

Asistiendo silenciosamente después de tres meses a su último combate, viéndole debatirse, ocultarse, huir sin poder escapar de Dios, yo sabía que él vendría estando ya demasiado poseído por el Amor y también demasiado generoso para no ceder un día sin condiciones. Esta visita, hecha solo (expresamente venía siempre acompañado de amigos para evitar una entrevista), fue la primera victoria de su larga lucha, ya que él sabía lo que yo iba a decirle y aceptaba esta vez que se lo dijese.

¡Me dio lástima! Sentado frente a mí, apoyados los codos en mi mesa de despacho, cogiéndose a menudo la cabeza entre las manos como para ayudarla a soportar el peso de su congoja, había alcanzado una meta. Pero ¿cuál? Lo mismo podía ser la del triunfo que la del desespero, como el corredor de carreras con su cara contraída, para quien en el mismo instante se le abre la perspectiva de la victoria o del fracaso rotundo. De vez en cuando su faz se crispaba; con trabajo podía contener sus lágrimas. Lo veía presa del vértigo y del temor. Hubiera hecho todo lo posible para aliviarlo, pero no debía debilitar el esfuerzo de su resolución. Me contenté con ayudarle y esclarecerle el camino, pero sin querer decir «sí» por él o aun con él.

7 DE MARZO. Por fin he visto al páter... ¡Pero qué sesión! Él estaba completamente sereno, mirándome, estudiándome, ávido de mis respuestas, pero no diciendo más que frases de un modo lento; frases precisas, ya que respondían cada una a una determinada preocupación y que Dios probablemente las coloreaba con su amor insistente.

Confusamente buscaba un apoyo; pero ya podía tener bien cerca de mí al páter comprensivo, se escabullía, dejándome que decidiera por mí mismo.

Le hablé al principio acerca de mi sorda rebelión frente a mis fracasos sucesivos. Implacable, me mostró a Dios trabajando en mi vida a fin de librarme de los ataques de egoísmo y haciendo fracasar de antemano toda evasión. En cuanto a mi amor por María Clara, el páter me confirmó que no se trata para mí de un dilema entre amarla o dejar de quererla, sino de una opción entre un amor fácil y sin ninguna profundidad y un verdadero amor a base de olvido propio y, por consiguiente, de esfuerzos. La existencia del primero se vería muy pronto peligrosamente comprometida: el segundo, penoso y duro, era el único que ofrecía garantías de pleno éxito.

Pero más allá de María Clara se plantea para mí el problema de optar de un modo definitivo por mi entrega al amor del prójimo hoy y mañana. No quiero equivocarme: ella corre el riesgo de ser para mí un pretexto para renunciar a una verdadera entrega, evitando el contacto con el prójimo. «En el primer plano de nuestras vidas — me decía el páter — hay con frecuencia un árbol que oculta el bosque a nuestra mirada.» Si el amor de María Clara, vivido en el silencio, y la confianza total en el Señor, lejos de ser un obstáculo, no me ayudan a entregarme más en favor del prójimo, es la señal evidente de su falta de autenticidad.

... ...

De ahora en adelante comprendo ya perfectamente lo que es amar. Pero ¿sabré yo amar? He ahí el punto en que me hallo.

11 DE MARZO. Los días pasan; sin embargo, estoy destrozado; soy como un enfermo que se revuelve a cada instante en su lecho sin encontrar una postura cómoda. Me arrastro y todo sufre sus consecuencias: mi humor, mi trabajo, mi acción apostólica.

¿Qué hay que pensar de mí?

13 DE MARZO. ¡Esto ya es demasiado! Me pregunto qué podrá pedirme todavía como sacrificio el Señor.

16 DE MARZO. Cristián me ha traído estas cuatro líneas del páter, que responden a mi amarga reflexión de la otra noche:

Mi pequeño amigo: ¡Sí, tú eres libre! El Señor no pasa jamás por encima de la libertad de ninguno de sus hijos, *pero es su Amor lo que te apremia.*

Si María Clara te pidiese alguna cosa que a ti no te agrada y que te fuese difícil de cumplir, ¿podrías rehusárselo? Sin embargo, no estás falto de libertad ante ella; pero... la amas...

¿Por cuánto tiempo vas a estar defraudándote? No es Dios quien te causa daño, eres tú quien te hieres entregándote a ese combate. ¡Con Dios no puede haber pelea! ¡Pierdes el tiempo, mi pequeño Daniel, apresúrate!

19 DE MARZO, A LAS 11 DE LA NOCHE. Perdón, Señor, por haber pensado que luchaba cuando me acobardaba por nada. Yo no quería ver, pero delante de vuestra luz, esta vez no puedo cerrar los ojos.

Malcoux me esperaba a la salida. Ha caminado a mi lado un rato sin decirme nada; luego, bruscamente, casi hosco, me ha dado una palmada tremenda: «Daniel, he de darte las gracias. Hace más de un mes que hacía el tonto, iba a cometer una estupidez; ayer dije no, y fue gracias a ti. Desde hace tiempo vengo observándote: has cambiado una barbaridad; te has convertido en el muchacho ideal que no se raja jamás; uno puede fiarse de ti, hay seguridad contigo. Todo esto que haces lo haces por los demás, y por esto eres siempre feliz. ¡No sabía cómo decírtelo, pero creo que era un deber hacerlo!»

¡Ya ves lo que son las cosas!

Señor, estoy avergonzado de haber esperado tanto. Esta vez será «sí» sin condiciones; sí a los compañeros, a todos los de mi medio ambiente, sí al mundo entero, hoy y mañana; sí a María Clara, por supuesto; es decir, esperando silenciosamente, dándome cada vez más para prepararme hasta el día en que si ella lo quiere y vos también queréis, Señor... ¡Tengo confianza!

Quiero en verdad, pero tengo necesidad de vos.

Con vos *creo que por fin voy a poder amar...*

... ...

Juan Pedro duerme plácidamente. Voy a continuar mi deber de matemáticas.

Otras obras de *Michel Quoist*
publicadas por Editorial Herder

Michel Quoist

DAR: EL DIARIO DE ANA MARÍA

Vigésima quinta edición

Tamaño 12,4 × 20,2 cm. 336 páginas. En rústica

En un estilo directo, claro, propio de la pedagogía activa, describe Quoist la evolución de la protagonista, una jovencita de la clase media, estudiante de Bachillerato, que escribe sus impresiones y razonamientos durante el período de su vida que va de los 15 a 18 años.

CARTAS DE AMOR DE LUIS Y TERESA

Sexta edición

Tamaño 12,4 × 20,2 cm. 240 páginas. En rústica

Presentación y notas de Michel Quoist

Estas cartas son auténticas. Nacidas en una etapa de noviazgo que las circunstancias obligaron a prolongar, muestran cómo dos personajes jóvenes tratan de preparar y construir su vida en común el uno con el otro y el uno para el otro, cómo se enfrentan a las dificultades de cada día, las superan y llegan a conseguir la responsabilidad y el respeto del amor.

TRIUNFO

Quinta edición

Tamaño 12,2 × 18,2 cm. 276 páginas. En rústica

Michel Quoist nos va dando a través de cada capítulo, con su estilo directo, actual, sugeridor, la verdadera visión del hombre, lo que debe hacer para triunfar en su propia vida, en las relaciones con los demás, en su vida en Cristo.

HÁBLAME DE AMOR

Tercera edición

Tamaño 12,2 × 19,8 cm. 216 páginas. En rústica

No se trata de una exposición sistemática sobre el amor, y todavía menos de un libro de recetas para tener éxito en el amor. Tampoco es una historia de amor presentada como un ejemplo. Es una colección de *reflexiones sobre el amor y textos poéticos* que permitirán a los jóvenes descubrir o volver a descubrir su belleza, su grandeza, pero también sus exigencias.